풍경의 해석

이우걸

경북대학교 역사교육학과를 졸업.
1973년《현대시학》으로 등단했다.
그 동안 펴낸 책으로는 시조집 『지금은 누군가 와서』 『빈 배에 앉아』 『저녁 이미지』 『사전을 뒤적이며』 『맹인』 『나를 운반해온 시간의 발자국이여』 『주민등록증』 『아직도 거기 있다』 『모자』가 있고 시조비평집 『현대시조의 쟁점』 『우수의 지평』 『젊은 시조문학 개성 읽기』 그리고 산문집 『질문의 품위』 『풍경의 해석』이 있으며 최근에는 시조 해설집으로 『현대시조 산책』을 펴내기도 했다. 그 동안 중앙시조대상, 이호우시조문학상, 가람시조문학상, 김상옥시조문학상 등을 수상한 바 있으며 현재 한국시조시인협회 명예이사장, 우포시조문학관 관장, 문예지《서정과 현실》의 발행인으로 활동하고 있다.
Leewg1215@hanmail.net

풍경의 해석

지은이 · 이우걸
펴낸이 · 유재영
펴낸곳 · 주식회사 동학사

1판1쇄 · 2021년 9월 10일
출판등록 · 1987년 11월 27일 제10-149

주소 · 04083 서울 마포구 토정로53 (합정동)
전화 · 324-6130, 324-6131 | 팩스 · 324-6135
E-메일 | dhsbook@hanmail.net
홈페이지 | www.donghaksa.co.kr
www.green-home.co.kr

ISBN 978-89-7190-789-4 03810

이우걸 산문집

풍경의 해석

동학사

책머리에

현실풍경이건 심상풍경이건 글은 해석의 산물이다. 이 책은 3부로 구성되어 있다. Ⅰ부는 주로 문학론에 가깝고 Ⅱ부는 작품집 해설이고 Ⅲ부는 칼럼, 에세이로 되어있다. 그리고 Ⅰ부에 있는 박권숙 론은 필자의 저서『젊은 시조문학 개성 읽기』에 실려 있는 글이다. 그는 올해 회갑의 나이로 타계했다. 평생 신부전증이라는 병마와 싸우며 아름다운 시조를 쓰다 간 뛰어난 시인이었다. 그를 추모하는 뜻으로 재수록했다. 또 이 책은 외우 유재영 형의 우의로 만들어 진 것이다. 50여년 우리는 서로를 격려하며 시조의 길을 함께 걸어온 도반이다, 그 감사함을 서투르게나마 여기 이렇게 기록해두고 싶나. 이 책이 나오기까지 정성을 다한 유정융 팀장과 제자 남순, 이경, 희경, 성자에게 고마운 마음 전한다.

– 이우걸

LEE YU GEL
ESSAY

이우걸 산문집
풍경의 해석

CONTENTS

I

II

III

LEE YU GEL
ESSAY

I

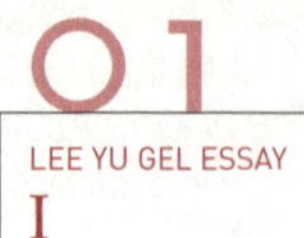

LEE YU GEL ESSAY

I

현대시조 발전을 위한 몇 가지 과제들

1. 들머리

현대시조에 대한 회의론적 의견이 더러 발표되기도 하지만 긍정적인 의견을 무화시킬 만큼 다수의 의견으로 큰 울림을 주고 있지는 않다. 이는 시조를 사랑하는 다수의 독자와 시인들의 끊임없는 노력의 결과라고 볼 수 있다. 그렇다고 해서 시조가 우리 문단에서 충분히 대우받고 있다고 하기에는 너무나 부족한 여러 일들이 일어나고 있어왔다. 근년에 있었던 독일 한국도서전에 시조와 관련된 도서가 한 권도 전시되지 않았다는 사실이나, 지금은 폐지되었지만 문화예술위원에서 제정한 대한민국 문학상의 대상 장르에 시조가 없었다는 점, 중요한 교육 매체인 국정(검인정) 교과서에 수록된 시조 작품수가 자꾸만 줄어들고 있다는 사실 등은 시조가 처한 열악한 환경의 적지 않은 사례이다.

이 모든 원인은 우리 스스로 시조의 위상 확보에 바치는 노력이 부족하다는 것에 있다는 말로 요약할 수 있다. 그러한 의미에서 필자는 주마간산 격으로나마 현대시조의 발전을 위한 과제들을 몇 가지 제시하고자 한다.

2. 시조의 형식

시조의 형식에 대해서는 많은 학자들의 연구가 있었다. 그 결과를 정리하면 다음과 같다.

1) 이광수 : 3장 각 15음 기본, 초. 중장은 3,4,4,4 종장은 3,5,4,3
2) 이은상 : 초장–2~5, 2~6, 2~5, 4~6. 중장–1~5, 2~6, 2~5, 4~6. 종장–3, 5~8, 4~5, 3~4
3) 이병기 : 3장 8구체설, 초장–6~9, 6~9 중장–5~8, 6~9 종장–4, 5~8, 4(5), 3(4)
4) 조윤제 : 3,4,4(3),4/ 3,4,4(3),4/ 3,5,4,3의 기준을 가지고 41자에서 50자 범위 내
5) 고정옥 : 3장 45인 내외
6) 김종식 : 45자 기준 3장으로 나누고, 15자를 1장으로 내구를 7자 외구를 8자로
7) 이태극 : 3장(행)6구로 총44자 내외, 한 구 7자 기준 종장 첫 구 3자 고정과 6자 내외
8) 김기동 : 3장 4음 표기 45자 내외 비 시로서의 3행시
9) 정병욱 : 3장 45자 내외, 각 행은 4보격 두 개의 숨묶음(breath group)으로 나누어져 그 사이에 사이쉼(caesura)을 넣게 되어 있다.

10) 김학성 : 3개의 장으로 시상이 종결, 각 장은 4개의 음절마디를 가진다.

11) 임종찬 : 초.중장 3(2−4)≦4(3−5)∨3(4−5)≦4(3−5) 종장 3(고정)5(6−7)∨

위 여러 학자의 의견 중 초심자의 시조창작에 가장 많은 영향을 끼치는 것은 4)의 견해이다. 그런 한편 대체적으로 지금 창작자들의 생각과 가까운 것으로 보이는 것은 10)의 견해이다. 시조를 정형시라고 했을 때 각 장의 4음보는 분명히 지켜야 하고 종장의 소음보와 장음보 역시 지켜서 지루한 운율의 변화를 주어야 한다고 생각한다.

고정된 음수를 지키는 것이 아니라, 율격의 유연성을 가지는 음보를 지키는 가운데, 분행과 내용 측면에서 최대한 자유를 주어 창작자의 개성을 발휘할 수 있도록 해야 할 것이다. 이때 기본 형식을 예사로 깨뜨리는 것은 경계해야 할 것이다.

먼 지평 끝자락에

붉은 부리 바닥을 깨고
비상을 향할 절절한 꿈

가늘고
긴 다리의 콤플렉스

날개는 알고 있을까 –(1)

헤어짐이 두려운가, 서로 엉킨 안개구름
굽이굽이 돌아오를 향적봉 마루너머
발아래 솜털 구름밭 와락 안겨 날고 싶다

눈뜨고도 읽지 못한 난독의 산행길에
숨고르는 계곡 따라 출렁대는 징검다리
길없는 길을 이으며 오도송을 홀로 욀 때

등 뒤에선 햇살무늬 나래접고 내려앉고
한 음절 스타카토로 떠도는 이내를 푸는
산울림 쨍쨍 때리는 산을 몽땅 훔쳐낸다 – (2)

지 별빛 저 달빛 우려내기 그 법으로
당신 체온 뜯어먹으며 살아온 한 일기는
첫 문장을 끝맺음까지 짐 지려한 기러기

깊이 깊게 깊숙 깊게 달아오른 붉은 눈빛
온몸에 묻혀놓고 슬그미 뒷걸음질
석양에게 험하고 먼 길 끌려가는 나는 새 – (3)

장의 끝

야트막한 뒷산이 똥을 눈다

끄응, 힘 한 번 주면 뫼똥으로 떨어질

난 지금

산의 창자 어디쯤을 지날까 – (4)

IMF

그 계곡으로

우리들은 멀어져 갔다 – (5)

위의 작품들은 그런 기본 율격을 지키지 않은 예로 들 수 있다. 작품(1)의 경우 초장에 한 음보가 빠져 있다. 작품(2)의 경우는 세 수의 연시조인데 둘째 수에서 한 수로서 완결성을 보여주지 못하고 있다.

작품(3)의 경우 2수의 연시조인데 첫수의 경우 종장 첫 음보가 반드시 3음절인데 위반하고 있고 둘째 수에서는 종장 둘째 음보의 장음보(5음절 이상) 규정을 지키지 않고 있다. 작품(4)의 경우 종장 둘째 음보인 장음보 규정을 위반하고 있다.

(5)의 경우 어느 작품의 종장을 따온 것인데 첫 음보의 3음절을 지키지 않고 있다. 시조에서 외국어를 사용할 수도 있다. 그러나 "IMF"는 표기상으로는 세자이지만 발음상으로는 "아이, 엠, 에프"이기 때문에 5음절이 되므로 맞지 않다는 것이다.

이상 인용한 예는 드물게 나타나는 예지만 정형시로서 최소한 지켜야 할 정형의 규정은 지켜나가야 한다는 의미에서 강조해두고 싶다. 그리고 어떤 형식 실험이라 해도 시조가 3장이라는 사실을 전제로 하지 않는 실험은 무의미하다고 생각한다. 시조는 기본적으로 3장의 형식을 갖춘 정형시여야 한다.

3. 내용

현대시조는 현대성이 있는 시조이다. 아울러 詩로 읽혀야 한다. 이것은 시대가 요구하는 어쩔 수 없는 숙명이다. 여기에서 시조의 형식이 시적 장치로서 장식이 아니라 실질적인 장점으로 부각될 때 독자들은 시조의 존재 이유를 긍정하고 지지할 것이다. 그러므로 현대시조를 비평하는 핵심 척도는 시조의 형식이 일차적인 것이 되고 시적 내용의 점검은 이차적인 것이 된다. 일차적 논의는 개괄적이나마 앞에서 이야기했다. 따라서 이차적인 관점에서 중요한 몇 가지를 이야기하고자 한다. 제일 먼저 말하고 싶은 것은, 시조는 서정시이고 비교적 짧은 시라는 사실이다. 단시는 단시대로의 장점이 있다. 그 장점을 살릴 필요가 있다. 이호우, 김상옥 등 대가 시인들이 말년으로 갈수록 단시조에 심혈을 기울인 이유를 우리는 깊이 생각해야 한다.

두 번째로는 관념에 노출되지 않도록 유의해야 한다. 지나치게 욕심을 내어 많은 것을 담으려 할 때, 이런 현상을 노출하기가 쉽다. 작은 것을 노래해도 천지의 울림을 들을 수 있다. 반면 절제와 시적 긴장이 없는 다변스런 시는 우주를 노래해도 귀뚜라미 소리보다 작은 울림을 갖고 만다. 한편 어떤 시인한테서 하이쿠보다 시조가 우수한 까닭은 시조의 경우 서사를 얹을 수 있기 때문이라 하는 얘기를 들었다. 의미심장한 발언이었다. 이 경우 서사를 얼마나 서정적으로 체화시키고 함축하여 자연스레 시조의 형식에 담는가가 문제일 뿐이다.

세 번째로는 개성의 획득을 위해 노력하자는 것이다. 같은 형식에 비슷한 생각을 다양하지 못한 어조로 담아내는 장르가 시조라면, 이는 창작 예술이라 할 수 없을 것이다. 시조의 시적 광채는 개성 있는 시인들의 작품을 통해서 실현할 수 있는 것이다. 어떤 시인은 익살스러우면서도 시대의 정곡을 찌르는 작품을, 어떤 시인은 남성적 목소리를, 어떤 시인은 그지없이 섬세한 여성적 목소리를 시조에 담아낼 때 우리 시조 시단은 백화난만한 화원을 이루어 독자들의 호응을 받을 수 있는 것이다.

마지막으로 시조는 "우리시"나 "민족시" 혹은 "국시"라고 불리기도 했다. 즉 우리는 시조문학을 민족문학의 차원에서 곧잘 거론하곤 한다. 이 점에 대해 깊은 성찰이 필요하다고 말하고 싶다. 민족적 논지에서 시조 장르의 가치와 의의를 말하는 것은 이미 시조 부흥 운동이 일어날 때부터 내세운 명분이기도 하다. 그래서 그 논지는 충분히 이해가 되지만, 지나치게 이 논리에 빠진다면, 그러한 시각이 개성적으로 시적 대상을 바라보는 치열함을 가지는 데 장애가 될 수 있을지도 모른다는 생각을 해본다. 바꾸어 얘기하면 개개인이 사물을 바라보는 관점은 다르다. 그 다름이야말로 창작의 생명이다. 민족적인 장르 인식이나 민족정신을 강조하기보다는, 그 다름을 옹호하는 일이 현재 현대시조를 발전시키는 데 가장 필요한 운동이라고 생각한다.

4. 비평의 공간

체호프는 평론가를 "말 궁둥이에 붙은 쇠파리"로 비하한 적이 있고 우리나라에서도 작고한 어느 시인은 평론가를 비판하는 시를 쓰기도 했지만 어느 장르에서나 건전한 비평이 존재하고 있어야 한다. 비평은 비판적 담론을 생산해 낸다. 그런 담론은 발전적 창작 방향을 탐색해내며 창작가에게 자극을 준다. 비평이 없는 장르는 그래서 발전할 수가 없다.

시조의 경우 최근에 와서 적지 않은 비평가들이 관심을 표명하여 시조에 관한 글을 쓰고 있다. 60~70년대부터 최근까지 헤아려 보면 박철희, 조남현, 김대행, 장경렬, 유성호, 엄경희, 구모룡, 이숭원, 이경철, 이승하, 정미숙, 박진임 등 적지 않은 비평가들이 시조발전을 위해 노력해 왔다.

한국시조시인협회(이사장 이우걸)에서 인산시조평론상을 제정해서 전문비평가에게 시상을 해온 것도 비평의 중요성을 인식해온 시조시단의 결과물의 하나라고 생각된다. 장경렬의 『시간성의 시학』, 유성호의 『정격과 역진의 정형미학』, 엄경희의 『전통시학의 근대적 변용과 미적경향』, 이경철의 『21세기 시조창작과 비평의 현장』, 이승하의 『향일성의 시조시학』 등은 평론가들의 시조에 관한 치열한 비평 열정이 낳은 소중한 성과물이다. 이러한 비평작업을 통해 시조는 앞으로도 한국의 현대시를 논할 때 한국시의 발전을 견인해온 하나의 흐름으로 인정받을 수 있게 된다. 더불어 비판적 비평을 수용하여 전개하는 우리의 창작적 노력에 따라, 그 비평의 메아리는 반드시 큰 울림으로 돌아올 것이라 본다. 그러한 발전을 위해 비평의 공간 확보야말로 대단히 중요하다는 사실을 우리 모두가 인식해야 한다고 생각한다.

5. 발표매체

시조시인은 바야흐로 2000여 명을 헤아리게 되었다.

참여시인의 증가에 따라 발표 매체의 중요성은 말할 필요도 없다. 60년대만 해도 《시조문학》, 《현대문학》이 전부였고 그 외엔 《율》 등 동인지에 작품을 싣는 정도로 시조의 발표지면은 한정적이었다.

그러나 오늘은 시인의 증가 수만큼 발표지면이 크게 늘어났다. 월간지로 시조를 싣는 잡지는 《시와 표현》, 《월간문학》, 《시문학》 계간지로는 《시조시학》, 《시조문학》, 《열린시학》, 《시조정신》, 《시조21》, 《다층》, 《신생》, 《나래시조》, 《애지》, 《시와 문화》 등이 있고 반년간지로는 《서정과 현실》, 《화중련》 등이 있으며 각 지역마다 단체별로 회지를 내고 있다. 또 인터넷 시 전문지로는 《공정한 시인의 사회》가 있다.

지면은 다양해졌고 넓어졌다. 그러나 아직은 빈 곳이 많이 보인다. 첫 번째는 메이저급 잡지는 아직도 시조에 발표지면을 제공하지 않는다는 것, 두 번째로는 시조 전문지 중 월간지는 없다는 사실이다. 시조 전문지 중 일부를 월간지 간행으로 바꾸는 것 자체가 아직은 비현실적으로 보인다. 그런 경우 시와 시조, 시론이 함께 실리는 품격 있는 잡지가 많아짐으로써, 시인들도 시조를 잘 알고 시조시인들도 시를 잘 알아서 공존의 이유를 이해하고 서로의 빈 곳을 메우는 노력을 하여, 보다 품격 높은 한국시의 발전에 힘을 모을 수 있었으면 한다.

6. 시조문학상, 기타

60년대만 하더라도 시조문학상은 없었다. 1983년 중앙일보에서 「중앙시조대상」을 제정하여 보도를 했을 때 시조시인들이 얼마나 감격스러워했는지 모른다. 선고, 심사, 시상 과정면에서 가장 공정하고 모범적인 문학상으로 시조문학발전에 가장 큰 기여를 해 온 상이다. 현재에는 「가람시조문학상」, 「노산시조문학상」, 「중앙시조대상」, 「이호우, 이영도 시조문학상」, 「백수문학상」, 「고산문학상」, 「유심상」, 「한국시조대상」, 「외솔시조상」, 「김상옥시조문학상」, 「조운시조문학상」등 적지 않은 상이 만들어졌다.

다행스런 일이다. 상만큼 비평과 격려의 힘을 가진 제도는 없다. 따라서 그만큼 엄격한 관리가 중요하다. 누구에게나 별다른 기준도 없이 상이 주어진다면 그 상은 오히려 있음으로 해서 더 큰 피해를 줄 뿐이다. 그래서 만드는 일보다 관리하는 일에 더 심혈을 기울여야 하리라 생각된다. 콩쿠르상이나 한국시인협회상 등은 상금이 적거나 없지만 좋은 상이다. 이 상들의 성공적 선례는 상이 상금의 과다로 그 권위가 좌우되지 않는다는 사실을 분명하게 보여준다.

7. 맺으면서

필자는 시인일 뿐이다. 그러나 약 반세기에 가까운 세월을 시조 창작에 몸담아 살았고 또 관련단체의 일을 하기도 했다.

그런 의미에서 두서없는 몇 가지 소망을 간추려 보았다. 시조의 형식은 대체로 알고 있는 바이지만 예사로 음보를 깨뜨리는 경우를 보면서 경계하는 얘기를 하고 싶었고, 내용의 경우는 얼마든지 다른 견해가 있을 수 있는 것으로 시조이면서 훌륭한 시가 되는 길을 생각한 나의 생각을 담아본 것이다. 또 비평의 활성화는 그간 우리의 노력으로 비교적 성공하고 있는 편이라는 점과 함께 앞으로도 이 분야에 힘을 모아야 한다는 사실을 얘기한 것이다.

발표지면 확보 또한 중요하다. 이 경우는 시조의 품격을 높이면서 시와 시조 공존의 발표광장을 만들어 서로 이해의 폭을 넓히면서 한국시의 발전에 기여하자는 생각을 전하고 싶다. 그리고 상의 경우 운영이 엄격해서 좋은 시조를 쓴 시인을 골라 시상하지 않으면 상이 있어서 오히려 문학을 희화화하게 된다는 사실을 알아야 할 때가 된 것이 아닌가 하는 경계의 마음을 담고자 한 것이다. 여기서 다루지 못한 교과서 문제, 시조의 유네스코 등록 문제는 중앙일보와 협회가 공동보조를 취하여 그 목적을 달성할 수 있기를 간곡히 열망하며 이 글을 끝맺는다.

현대시조의 본질과 과제

1.

시조는 노래시의 한 전형이다. 오늘날 우리가 읽고 또 쓰고 있는 시조는 두루 알고 있는 바와 같이 창사唱詞가 시로 옮겨온 것이다. 물론 이 경우가 유독 우리의 시조에만 해당하는 것은 아니다. 서양의 서정시는 그 어원이 '리라'라는 악기에서 왔고 본래 악기에 맞춰 부르는 노래가사를 뜻한 것이었다.

이러한 노래시들은 많은 사람들의 생각과 정서를 의식하여 탄생되기 때문에 자연히 개인의 감정이나 생각이라 해도 낱말과 수사법이 선율과 어울려야 할 뿐 아니라, 노래를 부르면서 가사도 쉽게 전달되고 공감되어야 한다. 그러한 공중적, 형식적 성격이 무명씨의 작품을 많이 탄생시킨 것이다. 그러나 唱을 떠나 시로서 정착하지 않을 수 없게 된 오늘날에 와서 현대시조는 개성적이고 보다 육화된 서정성을 요구하게 되었다. 아울러 결정론적 세계관을 배격

하고 보다 열려있는 의식의 창을 통해서만 바라볼 수 있는 언어의 꽃이기를 희구하게 되었다.

이제 시조는 서정성의 획득을 위한 형식이면서 동시에 보편성만으로 획득할 수 없는 개성을 조화시켜야 현대시로서의 또 다른 향기를 지닐 수 있다는 결론에 도달할 수 있게 되었다. 재론한다면 시조는 시적詩的인 요소와 가적歌的인 요소가 상호 조화를 이룰 때 바람직한 서정시의 한 경지를 보여 줄 수 있다는 것이다.

2.

우리는 우리 고유의 정형시인 시조창작 방법의 요체로서 시적詩的인 요소와 가적歌的인 요소를 들었다. 이 말은 내용과 형식의 조화가 시조창작의 비결이라는 것에 다름 아니다. 즉 시조가 아무리 음악과 결별했다 해도 각 장이 4음보로 된 3장의 정형시로 남아 있고, 또 그 형식을 살아 움직이게 하는 것은 시인의 창의성뿐이라는 것이다.

그런데 비교적 긴 시간동안 시조를 창작해 온 시인이나 그 작품들을 주의 깊게 읽어온 독자라면 누구나 운율이 때로는 좋은 시를 쓰는데 장애가 된다는 것을 알 수 있다. 가령 작품 자체가 산문에 가까운 졸작인 경우도 운율의 마력에 가려 꽤 유능한 시인도 일시적으로는 그 결점을 잘 보지 못하는 경우가 있다. 그리고 장중하고 슬픈 분위기의 시를 쓸 때 운율이 시의 이러한 정조를 방해하는 경우도 있다.

그래서 60년대 후반기와 70년대는 내면의식의 표출이나 의도적인 음보의 파괴와 기존의 질서에 도전하는 시인이 적지 않았다(물론 이 시기의 시조는 발레리, 엘리어트 혹은 흄, 에즈라파운드 등에 영향을 받아 견고하고 지적인 시를 쓰려고 노력했던 자유시인들의 영향을 많이 받은 것도 사실이다.)

앞서 말한 도전에는 운율의 일부 파괴, 난해한 이미지의 횡행, 사설시조의 창작 등으로 요약할 수 있겠는데, 난해시 횡행의 경우 현대사회의 복잡하고 다양함을 반영하는 것으로 옹호하며 바라보는 평론가들도 많았다. 60-80년대는 우리 역사상 군사정권의 시대였고 민주주의를 열망하는 민중들의 끊임없는 항거가 있었던 시기이기도 했다. 따라서 지나친 운율미는 거친 시대에 대항하는 참여시로서도 효과가 떨어진다고 볼 수도 있을 것이다.

이제 우리는 2000년대에 살고 있다. 우리는 이 시대를 포스트모던 시대라고 자연스럽게 말할 수 있게 되었다. 포스트모던 시대는 거대이론grendtheory의 시대가 아니라 탈이론의 시대이다. 따라서 작은 이야깃거리, 미세한 삶이 여러 사람들에게 더 소중한 것이 된다.

고급문화와 대중문화의 벽은 허물어지고 저급한 문화라고 이름붙이기조차 곤란했던 것이 학교 교과서에까지 오르게 되었다. 또한 오늘은 대중 매체의 횡행이라는 단계를 지나 멀티미디어의 시대가 되어가고 있으며, 문학은 영상매체 등 다양한 멀티미디어의 공격을 받으면서 주변으로 밀려나는 느낌을 주고 있다.

3.

앞서 60년대에서 80년대까지의 시조 작품에서 음보율을 의도적으로 파괴하려는 여러 시인들의 작품을 볼 수 있다고 얘기했다. 아울러 그러한 저항은 많은 이유가 있겠지만 정형시를 쓰는 시인의 입장으로는 크게 유쾌한 일이 아니라고 할 수 있다.

다만, 시대상황이 단아한 음보율의 약점을 크게 의식하게 했고, 그래서 감행했던 불안한 선택이었기 때문이다. 그러나 이제 2000년대(포스트모던의 시대)에 살고 있는 우리는 가능하면 많은 독자들의 사랑을 받는 시조를 쓸 필요가 있고, 또 정형시의 발전을 위한 반성과 더불어 그 대안을 찾아내어 노력해야 하는 시점에 와 있다. 이러한 견해를 가지고 몇 가지 과제를 제시해 보고자 한다.

먼저 운문 미학의 장점을 극대화해야 할 것이다. 앞에서 운율의 마성魔性이 때로는 시를 파괴할 수 있다는 점을 예를 들어 설명하기도 했다. 그러나, 요설과 거친 저항으로 특히 혼란했던 7,80년대 이후 한국 시단의 한편에서 시조의 창작 당위성을 확보해 주는 가장 소중한 수단으로 운문성의 강화만큼 유효한 방법은 없기 때문이다.

두 번째로는 시조의 난해성 극복에 많은 노력을 기울였으면 한다. 이러한 충고는 어떻게 보면 대단히 위험한 것이다. 현대시는 현실적 고립을 스스로 선택함으로써 미적 자율성을 지켜왔다고 얘기할 수 있고, 무명시인들의 시집이 서점에 자리를 차지하면서 아마추어리즘의 확산만을 가져왔을 뿐 시의 문학적 에너지나 문화적 파괴력은 오히려 잃어가고 있기 때문이다.

그러나 우리는 독자의 더 많은 관심을 필요로 할 뿐 아니라 대상에 대한 관찰의 부족, 표현 미숙 등이 난해 시조의 원인인 경우가 많으므로 얼마든지 극복할 수 있다고 생각된다.

세 번째로는 대중사회에 어필 할 수 있는 시조를 쓰려고 노력할 필요가 있다는 것이다. 흔히 우리는 예술적 가치와 대중적 인기의 행복한 일치를 도외시하기 쉽다. 그 이유로는 예술적 가치가 없는 것이라야 대체로 대중들이 좋아한다는 편견을 갖고 있기 때문이다. 그러나 이 말이 갖는 위험을 늘 염두에 두어야 한다. 왜냐하면 대중의 예술적 감상 능력이 지식층의 그것보다 낮은 수준에 있을지는 모르지만 그렇다고 해서 대중을 천박한 사림이라고 말할 수 없기 때문이다. 특히 시조의 저변확대 및 보수성을 극복하기 위한 방법으로 낡은 한계를 뛰어넘는 여러 시도들이 바로 오늘 우리들의 모습인 대중의 가슴에 감동으로 자리할 수 있도록 노력해야 할 것이다.

그 한 방법으로 타 매체와 연계해서 정형시의 효과를 잘 살릴 수 있는 여러 노력들을 들 수 있다. PC통신, 음향매체, 영상매체 등을 통한 시조의 보급 혹은 영상미학의 도움을 받는 작품의 생산 및 발표로 변화하는 시대의 대중들과 훨씬 신선하고 다양한 모습으로 만날 수 있어야 한다.

마지막으로 이제 현대시조가 좀 더 다양한 시적 주체를 개척할 수 있었으면 하는 바람을 피력하고 싶다. 가령 90년대 시의 활발한 시적 거점으로 페미니즘 시학, 죽음 혹은 퇴폐의 미학을 들고 생각해 보자. 이에 대한 두드러진 시적 성과를 우리 시조단은 지니고 있는가? 지니고 있다면 누가 그 성과를 검토하고 논의하는 글을 쓴 적이 있는가? 죽음이나 퇴폐를 미학적으로 추구해 간 개성적 시인이 있는가?

시는 어떤 시적 대상을 언어라는 수단을 통해 정서적으로 우리를 감응케 할 때 우리의 몸에 닿아 전율하게 한다. 그 전율의 동인動因을 찾아 헤매다니는 상처 입은 언어 실험주의자가 더 필요한 때이다. 그 실험주의자가 지니고 다니는 가방에서 정제되고 압축된 시, 우리 생활 속에서 느낄 수 있는 정서의 시, 세속적 삶에 대한 비판과 반성적 의미를 가진 시를 위한 고뇌가 담겨 있다면 어떨까? 그의 성과가 아직은 미미하다 해도 우리는 그를 환영하고 존경해야 하지 않을까.

『김상옥 시 전집』을 읽고

1.

초정 김상옥 시인에 관한 의미 있는 저서들이 나오고 있다. 『김상옥 시 전집』(창비)과 『그 뜨겁고 아픈 경치』(고요아침)가 이미 간행되었고 앞으로 시선집, 연구 논문집이 기획 중에 있다. 이러한 초정 연구 분위기는 당분간 지속되리라 예상된다. 그 이유는 그의 문학성에 있겠지만 그 문학성을 뒷받침하는 서릿발 같은 삶이 혼탁한 시대를 건너고 있는 많은 독자들에게 깊은 울림으로 남아있기 때문이 아닐까 생각된다. 그러나 이 글에서는 『김상옥 시 전집』을 중심으로 초정 시문학의 특성에 대해 주로 얘기해 보고자 한다.

2.

초정은 17세 때인 1936년 조연현과 함께 〈芽〉 동인 활동을 했다. 우리나라 최초의 시조동인지 〈참새〉에 참여한 것까지 고려하면

연대는 훨씬 거슬러 올라가야 한다. 그러나 초정의 문단 데뷔는 1939년 이병기에 의해 문장지에 추천된 「봉선화」와 동아일보에 당선된 「낙엽」에 의해 이루어졌다고 보아야 할 것이다.

비오자 장독간에 봉선화 반만 벌어
해마다 피는 꽃을 나만 두고 볼 것인가
세세한 사연을 적어 누님께로 보내자.

누님이 편지보며 하마 울까 웃으실까
눈 앞에 삼삼이는 고향집을 그리시고
손톱에 꽃물 들이던 그날 생각하시리.

양지에 마주 앉아 실로 찬찬 매어주던
하얀 손 가락 가락이 연붉은 그 손톱을.
지금은 꿈에서 본 듯 힘줄만이 서누나.

—「봉선화」 전문

맵고 차운 서리에도 붉게 붉게 타던 마음
한가닥 실바람에 떨어짐도 서럽거늘
여보소 그를 어이려 갈구리로 긁나뇨

떨어져 구을다가 짓밟힘도 서럽거든
티끌에 묻힌 채로 썩을 것을 어이보오

타다가 못다 탄 한을 태워줄까 하외다.

—「낙엽」 전문

20세 청년의 작품이다. 「봉선화」는 천의무봉이다. 동시조이면서 동시조라는 범주에 가두어둘 이유가 없는 이 아름다운 작품은 국정교과서에 실려 우리 국민의 정서 함양에 오래도록 커다란 영향을 끼쳤다. 물론 초정의 작품으로 「사향思鄕」, 「백자부」, 「옥저」, 「십일면관음」, 「다보탑」 등의 시조 뿐 아니라 「달」, 「멧새알」 등의 시와 「백자 2제」와 같은 명 산문까지 초정 문학의 향기는 교육부 담당관이 수없이 바뀌어도 변하지 않는 위치를 시켜왔나. 그러한 결과는 초정의 문학이 이제 국민에게 가장 좋은 영향을 줄 수 있는 작품이었기 때문이다. 또 이러한 단언은 그가 정도를 걷는 모범적인 시인이었다는 사실을 역으로 증명해 준다. 그럼에도 불구하고 경우에 따라서는 초정을 아동이나 청소년이 좋아하는 안온한 서정 세계에 미물었던 시인으로 오해할 소지가 있다. 그러한 오해는 초정 문학의 미덕을 이해하면 있을 수도, 가정할 수도 없는 것이다.

초정 문학의 여러 미덕 중에서 제일 먼저 들고 싶은 것이 실험의식이다. 초정은 끊임없이 실험해 왔다. 그 실험은 장르에 대한 탐색과 형식실험이다. 초정은 미간행 유고를 제외하면 모두 11권의 신작시집을 내었다. 그리고 그 시집 중엔 시조집이 『초적』, 『삼행시 65편』, 『향기 남은 가을』, 『느티나무의 말』 등 4권이고 시집으로는 『고원의 곡』, 『이단의 시』, 『의상』, 『목석의 노래』 등 4권이고, 동시집이 『석류꽃』, 『꽃 속에 묻힌 집』 등 2권이고 『묵을 갈다가』

는 시, 시조가 섞여 있다. 한국문학의 장르 분류상으로는 분명히 나누어져 있는 세 개의 장르를 넘나들며 성공적인 작품을 남겼다.

만세를 부르면
잡아간다고
입속으로 만세를
불러왔었네

속옷 안에 꿰어맨
오랜 태극기
만져보면 가슴을
덮고 있었네.

—「3.1절」 전문

지난 철 가시구렁 손톱이 물러빠져
눈 덮인 하늘 밑창 발톱마저 물러빠져
뜨겁고 아픈 경치를 지고 내 예꺼정 왔네

뭉개진 비탈 저쪽 아득히 손차양하고
귀밑볼 사운대던 그네들 다 망설여도
오지게 눈치없는 차림 내 또 예꺼정 왔네

—「꽃의 자서」 전문

시계의 문자반같은 어린 해바라기가 눈치코치없이 웃고 있다. 어느 왕조의 가지 않는 시간을 가리키고 있다. 째깍째깍 가는 시계들 다 병들었는데 가지 않는 시계 하나 병들지 않았다.

－「가지 않는 시계」 전문

「3.1절」은 1952년 간행된 동시집 『석류꽃』에 실려 있는 작품이고 「꽃의 자서」는 1973년 간행된 시조집 『삼행시 육십오편』에 실린 작품이다. 그리고 「가지 않는 시계」는 1980년 간행된 『묵을 갈다』에 실려있다.

인용한 작품들이 보여주는 바와 같이 초정은 은자의 초옥 같은 서정의 마을에 자족하고 사는 시인이 아니다. 어느 시대에나 깨어 있는 정신으로 대상을 정확하게 그려내면서 부조리한 현실을 강렬하게 노래한 시인이다. 그러한 방편으로 그의 시 형식은 언제나 새로운 것을 찾아내려 했고 심지어는 『시와 도자』라는 유려한 산문집까지 내기도 했다.

시조의 경우에도 단시조, 연시조, 사설시조 등 초정이 개척하지 않은 형식이 없다. 『삼행시 육십오편』이란 시집명이 말하듯 그는 시조를 스스로 삼행시라고 부르기도 했다. 그 연유를 정확하게 알 수는 없으나 음풍농월의 매너리즘에 빠져있는 시조단의 풍경을 바라보며 스스로 갖고 싶었던 긍지와 현대 시단에 던지는 현대시로서의 시조의 당당함을 표현한 것이 아닌가 생각된다.

아울러 형식에 대한 그의 치열한 모색은 다음과 같은 개작에서도 여실히 드러난다.

길가 쓰레기 속에서 주워온 아이의 입김
그날 없어진 빵과 해어진 담요 조각은
캄캄한 창고 하나를 빛으로 가득 채웠다.

어느 해 추운 겨울날의 정동 외진 뒷골몰
이따금 헐벗은 나뭇가지들이 간들거렸다
그아이 밤새껏 와서 입김 녹여주고 갔던가.

금년도 벌써 저물어 책은 불쏘시개나 할까
쓸 때 못 쓰면 쇠붙이도 녹이 스는 법
살얼음 엉긴 가슴엔 입김이란 아예 닿지 않았다.

— ①「고아 말세리노의 입김」 전문

길가
쓰레기 속에서
주워온 가여운 아기

그날
없어진 빵과
해어진 담요 조각은

캄캄한
창고 하나를

빛으로 가득 채웠다.

– ②「고아 말세리노 Ⅰ」 전문

어느 해
추운 겨울날
정동 외진 뒷골목

이따금
헐벗은 나뭇가지
산들거리고 있었나

그 아기
간밤에 예 와서
입김 녹여주고 갔던가

– ③「고아 말세리노 Ⅱ」 전문

『묵을 갈다가』에 실려있던 작품 ①은 『향기 남은 가을』에 와서 ②와 ③으로 바뀌었다. 물론 다른 시인의 경우에도 흔히 있을 수 있는 개작 현상이다. 그러나 초정의 경우 전 시 장르를, 그리고 시조의 경우 모든 형식을 통해 그가 추구하고자 했던 시정신을 실현하려 몸부림쳐 왔다는 점에서 분명 차별화 된다.

또 하나 초정시학의 미덕으로 내세울 수 있는 것은 투철한 시대정신이다. 그 정신의 표현은 증언이나 직언에 가까울 만큼 육성적인 모습을 띄고 나타난다.

아파트 꼭대기에도
자욱한 귀뚜라미 소리,
이미 잃어버린 밤을
올올이 자아올린다.

알것다 알것다
그만하면 알것다

남루한 영혼들
짜고 매운 양념으로
푸성귀 다루듯
그 살갗 치대고 있다.

알것다 알것다
그만하면 알것다

깎아지른 벼랑 밑
강물은 숨을 죽이고,
홑이불 같은 달빛
강물 위에 깔려있다.

알것다 알것다

그만하면 알것다

— ④「비가悲歌」 전문

먹으로

박아 쓴 글씨

밤사이 선지피되고

핏자국

스민 사리엔

혈죽이 돋아났다는데

맹물로

적힌 역사가

잉크로 변질하다니!

— ⑤「변질」 전문

작품 ④는 시집 『묵을 갈다가』에 실린 것이다. 정당성이 결여된 권력의 폭압 정치에 저항하던 시대의 한 산물이다. 작품 ⑤는 '어느 칼럼니스트에게'라는 부제가 붙어 있는 1995년 《현대문학》에 발표된 작품으로 거의 직언에 가까운 시조다. 이러한 증언 혹은 직언에 가까운 그의 시들이 시라는 의장을 갖추기 위해서 남다른 노력으로 언어를 다듬고 소재를 개발하지 않을 수 없었을 것으로 본다. 그러한 노력도 타고난 언어감각과 폭넓은 교양을 지닌 시인이 아니면 성공할 수 없는 것임은 재언할 필요가 없다. 초정의 경우 역사나 문화재 혹은 문화유적에 대한 누구도 범접할 수 없는 통찰력과 심미안으로 그의 시 세계를 일구어 나갔다. 또 그러한 공정은 부질없는 문자놀이가 아니라 정신을 일깨우고 새로운 세계를 열어 주는 생명있는 초정의 시 정신을 영글게 했다.

불멸하는 시인의 혼은 바로 진실한 증언이 독자에게 주는 감동에 의해 탄생되는 것이다. 따라서 초정은 언제나 늙지 않은 시를 쓸 수 있었다고 본다.

작품 속
넝마가 다 된 현수막
고자질도 미덕이 되는 세상,

아무리
세상을 뒤집어봐야
아닌 건 아니고, 긴 것은 긴 것

눈 녹은
저쪽 응달에도
풀잎 하나 파릇이 촉을 튼다.

–「풀잎 하나」 전문

초정이 19세였던 1938년 김용호, 함윤수 등과 함께 만들었던 동인지 《맥》을 1995년 12월 중창重創하면서 실었던 작품이다. 75세라는 자연 연령, 60년에 가까운 문단 생활 속에서도 그의 눈빛은 날이 선 채 매몰된 정의를 찾아내려는 열망으로 가득하다.

3.

『김상옥 시 전집』은 육 십여 년 혈서처럼 쓰인 작품들을 모두 담고 있는 초정 시문학의 최종 보고서이다. 여기 담긴 시집들을 한 권, 한 권 읽어나가면서 새삼 느끼게 되는 것은 그는 천부적인 시인이었나는 변함없는 확신이다. 그러니 한국문학계에 끼친 심대한 공헌에도 불구하고 그에 값하는 영광을 초정은 얻지 못했다. 그는 단순한 시조시인이 아니라 성공한 자유 시인이요, 뛰어난 아동문학가요, 시조문학의 오늘을 있게 한 천재적인 개척자이고 훌륭한 산문작가이다. 이 사실을 자타가 인정하면서도 그에게 예술원 회원도 또 다른 영예도 우리 사회는 보상해주지 않았다. 오히려 초정은 시 이외의 어느 것도 갖고 싶지 않았을지 모른다. 그것이 초정의 본심이었다 할지라도 민족시단의 말석에서 시조라는 이름의 시를 쓰는 필자와 같은 시인에게는 적지 않은 충격으로 받아들여진다. 그러나 우리는 믿는다. 초정의 문자향文字香은 어떤 시간의 시련도 이겨내어 모국어가 살아있는 한 우리 시의 한 고전으로 독자들에 의해 영원히 받들어지리라는 사실을.

굽 높은

祭器.

神前에

제물을 받들어

올리는

굽 높은

祭器.

詩 도 받들면

문자에

매이지 않는다.

굽 높은

祭器.

—「祭器」 전문

정갈한 언어를 祭器처럼 신성한 그릇에 담아 겨레의 가슴에 받들어 올렸던 초정의 시문학을 고스란히 담고 있는 이 전집은 그러므로 경전이다, 모국어의 경전이다.

이호우, 이영도 문학의 특색과 그 계승 과제

1. 두 시인과의 만남

오늘 이 자리에서 우리가 기리고 있는 축제의 주인공인 이호우, 이영도 시인은 한국시조문학의 큰 봉우리이다. 아울러 그 작품들은 우리 후진들이 계승하고 극복해야할 고전임에 틀림없다.

이러한 신뢰는 너무나 확고한 것이어서 특별한 부연설명을 필요로 하지 않는다. 더구나 한 부모 밑에 태어난 오누이가 우리의 고유한 시형식인 시조문학의 독특한 개성을 구축한 대가로 추앙받는 일은 세계사적으로도 선례가 없는 것이어서 생각하면 할수록 이 축제에 참여하는 사람들을 흥분과 감동에 빠지게 한다.

내가 두 시인을 처음 만난 것은 1962년 중학교 2학년 국어 교과서에서다. 「시조감상」이란 제목의 소단원은 우리 시조문학의 전범이 될 만한 작품 6,7편을 초정 특유의 따사롭고 감성적인 문체로 중학생에게 안내하는 내용이었다. 여러 시인의 작품이 있었지만 특히 두 시인의 작품에 마음을 뺏겨 금방 외웠고 지금까지 낭송할 수 있을 만큼 내게는 마력적인 인상을 주었다.

고시조와 가깝게 느껴지거나 정형의 흔적을 감추지 못하고 있는 작품들 속에서 「달밤」은 노래로 된 동화 한편을 읽는 느낌이었고 「봄」은 여백 가득한 아름다운 한국화 한 폭 앞에 내가 서있는 것 같았다. 국어선생님의 설명은 단편적이었지만 그 후 내가 지닌 현대 시조에 대한 막연한 동경은 이 두 시인께 은혜 입은 바 크다고 할 수 있다.

2. 이호우 시조의 특징

이호우 시조의 특징을 알기 위해서 다음 작품을 읽을 필요가 있다.

그 눈물 고인 눈으로 순아 보질 말라
미움이 사랑을 앞선 이 각박한 거리에서
꽃같이 살아 보자고 아아 살아 보자고

욕이 조상에 이르러도 깨달을 줄 모르는 무리
차라리 남이었다면, 피를 이은 겨레여
오히려 돌아 앉지 않은 강산이 눈물겹다

벗아 너 마자 미치고 외로 선 바람벌에
찢어진 꿈의 기폭인양 날리는 옷자락
더불어 미쳐보지 못함이 내 도리어 섧구나.

단 하나의 목숨과 목숨을 바쳤음도 남았음도
오직 조국의 밝음을 기약함에 아니던가
일찌기 믿음 아래 가신 이는 복되기도 했어라

—「바람벌」 전문

무슨 업원이기
먼 남의 골육전을

생떼같은 목숨값에
아아 던져진 삼불 군표여

그래도 조국의 하늘이 고와
그 못감고 갔을 눈

—「삼불야三弗也」 전문

꽃이 피네 한 잎 한 잎
한 하늘이 열리고 있네

마침내 남은 한 잎이
마지막 떨고 있는 고비

바람도 햇볕도 숨을 죽이네
나도 아려 눈을 감네

—「개화」 전문/《현대문학》

여기 한 사람이
이제야 잠 들었도다

뼈에 저리도록
인생을 울었나니

누구도 이러니 저러니
아예 말하지 말라

—「묘비명」 전문

두루 아는 바와 같이 이호우 시인은 1949년 군법회의에서 남로당 간부라는 모략에 의한 오인으로 사형언도를 받았으나 1950년 대통령 특사로 무죄석방된 적이 있다. 「바람벌」은 대구대학보에 발표한 것으로 반공법 저촉으로 기소되기도 했다. 작품 「삼불야」는 1966년 중앙일보 월남 현지보도 기사를 보고 쓴 작품이다. 이 작품은 필화사건을 일으키진 않았지만 그 당시 정국의 흐름으로 볼 때 사정기관이 세심히 살폈다면 아마도 화를 면하기 어려웠을 것으로 본다. 이렇게 처절하게 반전을 주장하는 시를 본 적이 없기 때문이다. 분단에 대해서도 이호우 시인은 그 원인을 사대라고 했다. 가장 첨예한 쟁점의 복판에 스스로 서기를 주저하지 않았다. 그만큼 현실인식이 투철한 시인이었다. 김윤식 교수는 「시조양식과 주자학적 세계관」이란 글 속에서 가람 시조학과 이호우 시조학을 비교하면서 해방이후 가람의 마법에서 풀려난 이호우 시조학의 치열성이 형식미달도 형식초과도 아닌 시조의 정형시적 위치에 우뚝 서게 되었음을 강조하고 오늘날의 시조는 「개화」 한편을 낳기 위한 진통이었다고 기술하고 있다. 이호우 시인의 작품들은 어느 작품에서도 그의 인생관, 시국관, 생에 대한 의지 등을 읽을 수가 있다. 「묘비명」은 그러한 예라고 할 수 있다. 이호우 시인의 생애는 불의를 좌시할 수 없는 이 시인의 천품과 더불어 불우할 수밖에 없었고 그 불우는 한 편 한 편 그가 쓴 시조에 가식 없이 처절히 담겨져서 독자의 공감을 사게 된 것이다. 아울러 한편의 완벽한 시조미학의 성취를 위한 몸부림은 수없는 개작으로 드러나기도 한다. 우리는 김윤식 교수의 말씀처럼 현대시조의 정섬에서 이호우 시인을 바라보지 않을 수 없다. 한국시조문학사가 시대의 쟁점에 외면하지 않는 한 봉우리를 가짐으로써 시조에 대한 어떤 공세에도 버틸 수 있는 견고한 성을 우리는 가지게 된 것이라고 생각한다.

3. 이영도 시조의 특징

이영도 시조의 특징을 파악하기 위해서 다음 작품을 읽을 필요가 있다.

어루만지듯
당신
숨결
이마에 다사하면

내 사랑은 아지랑이
춘삼월 아지랑이

장다리
노오란 텃밭에

나비

　나비

나비

　나비

―「아지랑이」 전문/1968.

사흘 안 끓여도
솥이 하마 녹 슬었나

보리 누름 철은
해도 어이 이리 긴고

감꽃만
줍던 아이가

몰래 솥을 열어 보네

—「보리고개」 전문/1968.

눈에 포탄을 박고 머리는 맷자국에 찢겨
남루히 버림 받은 조국의 어린 넋이
그 모습 슬픈 호소인 양 겨레 앞에 보였도다

행악이 사직社稷을 흔들어도 말 없이 견뎌온 백성
가슴 가슴 터지는 분노 천동하는 우뢰인데
돌아 갈 하늘도 없는가 피도 푸른 목숨이여!

너는 차라리 의義의 제단에 애띤 속죄양贖罪羊
사극 지극 피맺힌 역사의 깃발 위에
그 이름 뜨거운 숨결일레 퍼덕이는 창천蒼天에…

—「哀歌」 전문/1960.4.19.

네 살짜리 손주놈은
생선뼈를 칭살이라 한다

장지엔 여릿한 햇살
접시엔 앙상한 창살

내 눈은

남해 검붉은 녹물

먼 미나마다 水保灣에 겹친다.

─「흐름 속에서」 부분/《시조문학》1976.

작품「아지랑이」에서 우리는 절제된 언어의 아름다움 그리고 여성적 혹은 모성적 언어의 숨결을 느낄 수 있다. 아울러 60년대에 이미 시각적 효과를 위한 실험적인 배행의 현장을 발견하게 된다.

「보리고개」에서는 현실고발을 함의하는 최소한의 수식으로 빚어낸 궁핍의 흑백사진을 보게 된다. 이 시조가 더 길어졌다면 과연 이처럼 처절한 민생의 현장을 독자에게 전해줄 수 있을까 하는 생각을 하게하는 작품이다.

「애가」는 역사의 현장을 자신의 눈으로 판단하고 좌시하지 못하는 이 시인의 정의감을 읽을 수 있다. 이 작품은 1960년 4월 19일 국제신문에 발표된 것이다. 3 · 15는 4 · 19의거 불과 한 달 앞에 마산에서 이승만 정권의 부정선거에 항의하며 일어난 의거였지만 그 당시만 해도 폭도라거나 불순세력의 난동으로 민주의거의 정당성을 얻지 못하고 있는 때에 이영도 시인은 자신의 역사관, 시국관에 따라 이 작품을 발표한 것이다.

「흐름 속에서」는 유고시집 『언약』에 실려있는 작품이지만 1976년《시조문학》 봄호에 실렸던 작품이다. 평시조 12수를 이은 연시조이며 단정하고 절제된 언어로 품격 있는 시조를 써온 전례에 비해 의도적으로 길게 써본 작품으로 보인다. 소설가 김정한이 관심을 보였던 이 시조는 수질공해로 인체에 심한 질병을 일으킬 만큼 환경폐해가 극심했던 일본 항만명을 시어로 차용함으로써 생태환경 시조를 시도했다는 의미에서 주목을 요한다. 이영도 시인은 정한의 시인, 그리움의 시인으로 불리지만 실험의 시인, 현실인식이 투철한 시인이라는 점을 이 자리에서 특히 강조하고 싶다.

4. 이호우, 이영도 시학의 계승 과제들

이호우, 이영도 시인의 시조문학사적 업적은 쉽게 요약하기 어려울 만큼 방대하다. 그러나 이런 자리에서 그처럼 많은 내용을 일일이 열거하기는 어렵다고 생각한다. 따라서 우리 후진들이 반드시 따라야 할 것 중 네 가지만 말씀드리고자 한다.

첫 번째는 현실인식의 투철함이다. 두 시인의 시조세계에서 가장 쉽게 공통적으로 가려낼 수 있는 특징이 이것이다. 혹자는 이영도 시인의 경우 다른 견해를 얘기할 수 있을지 모르겠으나 그렇지 않다. 조부의 영향을 크게 받은 것으로 보이는 민족과 조국사랑의 정신이 두 분 작품 속에 부조리한 현실고발과 처절한 자기반성 등의 시조로 변용되어 있다.

두 번째는 끊임없는 개작의 몸부림이다. 발표하기 전까지의 퇴고과정을 고려한다면 두 분은 평생 그리 많지 않은 시조들을 개작하다 떠나신 분들이 아닌가 생각된다. 후기에 와서 이호우 시인은 기존의 연시조를 단시조로 바꾸기도 했고 또 마음에 안 드는 구절들을 많이 바꾸었다. 이영도 시인도 끊임없이 퇴고한 분이다. 작품의 완결성 획득을 위한 몸부림은 우리 후진들이 반드시 따라야할 미덕이라 생각한다.

세 번째는 시조의 정형을 지키려고 끊임없이 노력했다는 사실이다. 이호우, 이영도 시인은 신문사설이나 수필과 같은 산문 외에는 오로지 시조만 썼고 어느 시편도 시조의 정형을 흩트리지 않았다. 그리고 단시조를 중시했다.

네 번째로는 독특한 개성과 가열한 시정신을 들 수 있다. 이호우, 이영도 시인의 작품들은 어느 편이나 작자의 이름을 가려도 찾아낼 수 있을 만큼 개성을 지니고 있다. 아울러 전 작품을 관통하는 시정신 또한 느낄 수 있다. 이호우 시인의 다소 투박한 듯하면서 그려지는 사회비판이나 조국애, 이영도 시인의 승화된 사랑노래나 조국애 등은 어느 편에서나 그들 생애를 담보한 영혼의 울림을 가지고 있다.

기리고 흠모하기에 부족함이 없고 부끄럼이 없는 두 분 시인께 얼마나 많은 시적 업적이 있겠는가? 이호우, 이영도 시학을 발전적으로 계승하여 우리 시조문학의 앞날이 백화난만하길 빈다.

삶의 지혜가 빚어낸 절제된 언어미학

1 .

내가 이영도 시인을 스승으로 모시게 된 것은 1972년부터이다. 우연히 구입해온 계간지 《현대시조》를 읽고 작품을 쓰기 시작했고 그 모습을 지켜보시던 김춘수 선생의 격려로 시인이 되겠다고 마음먹은 뒤 《월간문학》 신인상에 투고하면서 선생을 알게 되었다. 그때 심사위원이 이영도 시인이었다. 우여곡절 끝에 그해 시월부터 이듬해까지 끊임없는 지도를 받으면서 《현대시학》 2월, 4월, 10월호에 3회 추천을 완료하여 시인이 되었다. 그런 연유로 돌아가시기 전까지 많은 사랑을 받았지만 제자로서 기본마저 지키지 못한 것 같아 늘 아쉬움을 갖고 살아왔다. 그래서 이번 기회가 고맙기도 하고 부담스럽기도 하다. 그러나 시인 이영도의 진면목을 비교적 자세하게 알고 있는 사람 중의 한 사람으로 그분이 남긴 고매한 인품과 시적 개성을 전해야 한다는 사명감을 가지고 이영도 시인의 시세계를 간략히 소개한다.

2.

이영도 시인은 그의 삶의 방법이 그의 시조의 개성이 된 시인이다. 즉 시조와 삶이 잘 어우러진 시조를 빚었던 시인이다. 그래서 나는 그의 삶을 얘기하고 그 삶이 투영된 작품을 예시하여 작품의 개성뿐 아니라 얼마나 진정성 있는 시조를 썼는가를 증언하고자 한다.

시인 이영도는 부유한 가정에서 태어나고 행복하게 자랐지만 출가 8년 만에 남편과 사별한 외로운 사람이었다. 그런 환경을 바꾸기 위해 노력하거나 불편해하지 않고 적극적으로 적응하며 사신 분이다. 오히려 그 아픔을 작품에 담아 스스로를 위로하며 산 분이었다.

세상 살이에
철가는 줄 잊었던가

달빛 서린 장지에
낙엽이 부딪는다

이 해도
저무려 하네
등을 켜고 앉는다

—「추야」 전문

눈이 내리네 펄펄
내 마음 비인 뜰에

그날 그 사랑을
타이르며 타이르며

산하는
가슴을 닫고
돌아 앉아 있어도……

―「눈」 전문

두 번째로는 절약하는 분이었다. 그 일례로 1973년 추천을 받고 인사를 드리는 게 예의가 아닐까 생각해서 대구 앞산 공원에 서 있는 이호우 선생 시비를 탁본해서 표구하고 백화점에 포장을 의뢰해서 선생님이 살고 계시는 시교동 댁을 방문한 적이 있었다. 선생님께서 작품을 보자고 하시기에 내가 그 포장지를 찢으려고 하니 놀라시면서 끈, 종이 모두 재사용하신다며 가위로 몇 곳만 자르고 찢어지지 않게 풀고 벗기셨다. 또 교통편은 차는 큰 차가 좋다고 하시며 버스를 주로 이용하셨다. 그런 생활습관은 시조를 지도해 주실 때도 오래 퇴고하되 반드시 가려서 발표하도록, 그리고 필요 없는 말은 가능하면 줄이도록 하셨다. 시조는 말을 많이 하면 안 된다는 생각이셨고 나도 늘 그런 생각을 받들고 있다.

아이는 글을 읽고
나는 수를 놓고

심지 돋우고
이마를 맞대이면

어둠도
고운 애정에
삼가한듯 둘렸다

—「단란」 전문

아이는 봄 따라 가고
고요가 겨운 뜰에

봉오리 맺은 가지
만져도 보고 싶고

무엔지
설레는 마음
떨고 일어 나선다

—「봄」 전문

위 두 작품을 봐도 이영도 시인이 말을 얼마나 아끼는가를 알 수 있다. 다른 시인들 같으면 연시조가 아니면 도저히 끝내기 어려운 제재를 이영도 시인은 독자에게 여운을 남기는 단시조로 마무리했다. 그래서 더 명징하고 아름다운 그림으로 시조라는 장르의 매력을 보여주고 있다고 나는 생각한다.

세 번째로 이영도 시인은 현실에 대해 타협할 줄 모르는 강한 비판정신을 지니고 계셨다. 이러한 태도는 증조부, 조부, 오빠 이호우 등의 영향을 받았으리라 생각한다.

『나의 그리움은 오직 푸르고 깊은 것』(중앙출판공사간) 이란 이영도 시인의 수필집에는 다음과 같은 내용이 있다.

> 나의 3남매는 어렸을 때부터 조부모님의 슬하에서 자랐다. 아버지란 분은 소실을 데리고 객지로 다녔기 때문에 어머님과 우리 형제는 청도에서 자랐던 것이다. 나의 증조부님께서는 을사조약 뒤 망국의 한을 승복 자락에 감싸고 향리 뒷산인 용각산 깊숙이 대운암이란 암자를 지어 속세를 등지셨고, 조부님께서는 적국의 치하에서는 벼슬을 단념하시고 농사를 지어 생계를 이어가면서 고향에다 의명학당이란 사립학교를 세워 농촌의 자제들에게 신학문을 가르치시기에 심혈을 기울이셨다. (p29~31)

가계에서 살펴보면 일제말 선산군수를 한 아버지(이종수)만 나른 가치관을 지닌 사람이었을 뿐 조국애와 지조는 가문의 피 속에 맥맥이 흐르고 있었고 조부의 사랑 속에 자라난 이영도 선생의 가치관은 가문의 전통과 다를 수가 없었다. 이영도 선생의 기질을 염려하신 조부께서 객지에서 공부시켜서는 큰일을 낸다고 염려하여 가정교사를 두고 교육을 시킨 기록으로 보아도 능히 짐작할 수 있다. 그런 시정신이 투영된 작품들이 적지 않다.

눈에 포탄을 박고 머리는 맷자국에 찢겨
남루히 버림받은 조국의 어린 넋이
그 모습 슬픈 호소인 양 겨레 앞에 보였도다

행악이 사직을 흔들어도 말 없이 견디 온 백성
가슴 가슴 터지는 분노 천동하는 우뢰인데
돌아 갈 하늘도 없는가 피도 푸른 목숨이여!

너는 차라리 의義의 제단에 애띤 속죄양
자국 자국 피 맺힌 역사의 깃발 위에
그 이름 뜨거운 숨결일레 퍼득이는 창천에…

—「애가」 전문

눈이 부시네 저기
난만히 멧등마다

그 날 쓰러져 간
젊음 같은 꽃사태가

맺혔던

한이 터지듯
여울 여울 붉었네.

그렇듯 너희는 지고
욕처럼 남은 목숨

지친 가슴 위엔
하늘이 무거운데

연연히 꿈도 설워라
물이 드는 이 산하

-「진달래」 전문

「애가」는 '김주열 군에게' 라는 부제를 붙여 1960년 4월 19일 국제신문에 발표한 작품이다. 3 · 15 부정선거에 항거해서 일어난 마산 3 · 15 의거 때 죽은 김주열 군을 추모하는 시조다. 이런 특별한 기념시가 아니라도 시인 이영도는 시대의 아픔을 외면하지 않았다.

사흘 안 끓여도
솥이 하마 녹 슬었나

보리 누름 철은

해도 어이 이리 긴고

감꽃만

줍던 아이가

몰래 솥을 열어보네

—「보리고개」 전문

우리 시조의 역사가 천년이 가까워 오지만 이 작품만큼 적은 언어로 시대의 아픔을 절실하게 그려낸 단시조가 또 있을까 싶은 호소력 있는 작품이다. '보리고개'는 대다수의 우리 국민들에겐 봄이면 해마다 찾아오는 눈물겨운 고개였다. 농업기술의 발달, 산업의 다양화 등으로 지금은 신화시대의 얘기 같지만 6, 70년대 사람들이 어릴 때 체험했던 우리나라의 비극이었다. 이영도 시인은 3장 단수로 이렇게 해마다 절절한 우리 민족의 서러움을 리얼한 그림으로 빚어낸 것이다.

네 번째로 이영도 시인은 아름다운 사람이었다. 용모의 수려함에 대해서 많은 사람들의 증언이 있지만 이영도 선생 시조집 『언약』에 있는 노산 선생의 서문 첫 문장인 '이영도는 아름다운 여인이었다'가 가장 먼저 떠오른다. 이영도 시인은 한 달에 한 번 살아계신 노모의 목욕을 도와드리기 위해 대구에 오셨다. 그럴 때면 청구동 이호우 선생 댁에 있으니 시간 있으면 오라는 연락을 주시곤 했다. 대체로 조선조 여인의 모습처럼 흰 한복, 코고무신, 옛머리, 비녀로 뒷모양을 내고 기초화장을 하시고 나들이를 하셨다. 동행

하는 길은 주로 앞산 공원의 이호우 선생 시비를 보러가는 정도였다. 꽤 시간이 걸리지만 시조시단의 여러 얘기, 나의 작품평, 그리고 세상 돌아가는 얘기 등을 듣다보면 늘 시간이 짧았다. 가끔 알아보는 사람들이 인사를 하면 입가에 엷은 미소를 띠고 그 인사에 화답하곤 했다. 그 모습이 자연스럽고 격조가 있어서 우리는 함께 모시는 것이 행복했다.

사바도 고쳐보면
이리도 고운 것을

유두 달빛이
연연이 내리는 이밤

꽃송이
곱게 떠 오른
연못가로 나오라

—「연꽃」 전문

이 작품을 읽을 때마다 오히려 연못가에 서 있는 달밤의 이영도 선생을 생각한다. 아름답되 격조가 있고 지적이되 딱딱한 느낌이 들지 않는 은은한 모습이 선생의 모습이었다. 이영도 시인의 시조가 대상과의 적절한 거리를 유지하며 쉽게 흥분하지 않는 것은 그의 평소 성품 때문이라고 생각한다. 이 비법은 선생께서 늘 강조한 승화와도 관계되는 것이다. 늘 설익은 작품을 쓰지 말고 충분히 무르익은 작품을 써야 한다는 점을 강조하시곤 했다. 작은 것을 노래해도 천지의 울림을 들을 수 있고 천지를 노래해도 나뭇가지 흔들리는 소리 하나도 못 들을 수 있다는 사실을 깨닫게 하셨다.

마지막으로 이영도 시인은 정이 많은 분이었다. 그 정은 크게는 조국애, 민족애, 인류애에 닿아 있고 작게는 혈연에 대한 사랑, 이성에 대한 사랑, 제자에 대한 사랑 등에 대해 극진한 마음을 전하고 실천하시며 살아오셨다.

그런 사랑을 작품으로 빚어낸 예는 다음과 같다.

눈 오시는 날에
동작동 묘지를 걷는다

뜨겁게 목숨을 사뤄도
사무침은 돌로 섰네

산하도
고개를 숙여
이 절규를 듣는가.

뉘우침은 강물이 되어
갈아입은 영혼의 법의法衣

겨레와 더불어 푸르를
이 증언의 언덕 위에

감감히
하늘을 덮어
쌓이는 꽃잎, 꽃잎.

–「낙화」 전문

우러르면 내 어머님
눈물 고이신 눈매

얼굴을 묻고
아, 우주이던 가슴

그 사락
학같이 여시고, 이 밤
너울너울 아지랑이

–「달무리」 전문

너는 저만치 가고
나는 여기 섰는데……

손 한번 흔들지 못한 채

돌아선 하늘과 땅

애모는

사리로 맺혀

푸른 돌로 굳어라.

–「탑 · 3」 전문

「낙화」는 눈 오는 동작동 국립묘지를 소재로 한 작품이고 「달무리」는 오로지 3남매 자녀와 시부모님을 위해 헌신하신 어머니를 노래한 작품이고 「탑 · 3」은 1967년 2월 13일 유치환 시인이 교통사고에 의해 향년 60세로 타계한 후 쓴 이별의 노래로 알려진 작품이다. 감정을 한결 순화시킨 이 아름다운 명편들을 읽으면서 대가로서의 품격과 성숙한 인간으로서의 자세를 의연히 보여주신 이영도 시인을 떠올린다. 왜 우리는 황진이 이후를 대표하는 최고의 여류시인으로 이영도 시인을 예우할 수밖에 없는가를 이 작품들이 증명하고 있다.

3.

나의 스승이요 현대시조의 거장이신 이영도 선생의 생애와 작품을 연결해서 주마간산 격으로 살펴보았다. 이미 이영도 시조의 형식적, 내용적 특징은 여러 연구자에 의해 정리된 바 있을 뿐 아니라 이번 기간에도 다른 분들이 할 것으로 안다. 1989년에 발표된 신미경님이 연구한 이영도 시조의 특징을 요약해보면 형식적 특징으로는 단수가 많다는 것, 시조의 형식을 최대한 살린 짧은 호흡으로 언어의 절제성을 보인다는 점, 시조의 형식을 취하면서도 자유시적 분위기를 느낄 수 있다는 점, 인위적으로 애쓴 흔적이 없는 평이하고 쉬운 문체로 요약하고 있으며 내용적 특징으로는 애모와 정한을 주조로 하고 있으며 시조에 뜨거움이 내재되어 있고 삶의 극기에서 작품이 탄생되었다고 보고 있다. 이 결론들 중 대부분이 앞에 말한 이영도 선생의 평소 생활과 그와 연관된 작품을 다시 살펴보면 공감할 수 있으리라 생각한다. 흔히 글이 그 사람이라는 말이나 문인을 문사라고 할 때, 그 사람의 글 속에 그 사람의 인격이 바람직하게 녹아있는 것을 말하는 것이 아닌가 생각한다. 이러한 견해에서 살펴보면 이영도 선생의 작품이 가장 모범적인 예가 아닐 수 없다. 이영도 시학은 고결한 삶이 빚어낸 절제된 언어미학이기 때문이다.

우리는 이영도 시학을 늘 기억하면서 그 바탕 위에 새로운 출구를 만들어 현대시조를 발전시켜 가야 한다.

*위 작품들은 시조집『석류』에서 인용함

백수 시조를 읽는 네 가지 관점

1919년 경북 금릉에서 태어난 백수 정완영 시인은 1960년에 시조 「해바라기」가 국제신문에 당선되고 같은 해 「골목길 담모퉁이」라는 동시가 서울신문 신춘문예에 입선되고 1962년 시조 「조국」이 조선일보 신춘문예에 당선되었으며, 1967년에는 동시 「해바라기처럼」이 동아일보 신춘문예에 당선되어 혜성처럼 문단에 얼굴을 드러내었다. 그의 등단은 《현대문학》 추천완료까지 겸하여 가히 비교하기 어려울 만큼 화려하다. 등단할 때의 연령이 41세였지만 그의 시재는 어느 청년 시인도 따를 수 없는 경지에 닿아있었다는 사실을 앞서 거론한 경력들이 대변해 준다.

그 후 13권의 시조집, 2권의 창작지침서, 6권의 산문집을 발간했고 그런 공적으로 제11회 한국 문학상, 제1회 가람시조문학상, 제3회 중앙시조대상, 육당문학상, 제2회 만해시문학상 등을 수상하였다.

박재삼은 「백수, 그 인간과 문학」이란 산문에서 다음과 같이 말하고 있다.

"시조를 말할 때, 가람과 노산을 말하고, 그 뒤를 이어 초정과 호우를 들고 그 다음에는 백수를 세우는 것은 거의 상식처럼 되어있다. 이것은 현대시조의 초창기, 계승기, 완성기라는 뜻과 별로 다른 것이 아니었다. 나는 문득 이 세 시기를 두고 시조의 초장, 중장, 종장과 비슷한 것이 있지 않나 생각한다."

조금도 과장된 찬사가 아니다. 오히려 시조 3장에 생애를 쏟아온 백수의 시력을 다 말한 것으로 보이지 않는다. 그는 가장 많은 시조작품을 남겼을 뿐 아니라 가장 오랫동안 창작을 한 시인이다. 아울러 시조가 시적인 요소와 가적인 요소를 다 담아 빚어내는 장르라는 사실을 자각하고 실천한 최고의 시인이다.

김종길이 청마를 논하면서 "대가라는 것은 대체로 그 시력이 길고 작품의 양도 많은 법이다. 그러나 그것만으로는 대가로서의 가장 중요한 조건을 결한 것이 된다. 범용한 작품을 아무리 오랫동안 많이 쓰고 발표했다고 해서 대가라고 부를 수가 없는 것이다. 무엇보다도 먼저 고려되어야 할 것은 그 작품의 수준이요, 그 수준의 지속이다. 게다가 겸해서 고려해야 할 것은 시의 품격이다. 아무리 높은 수준의 작품을 지속적으로 생산했다 하더라도 그 품격에 있어서 대가의 칭호를 받기에 미흡한 사람이 있을 수 있기 때문이다."라고 한 적이 있다. 이러한 견해에서 정완영 시인은 대가의 전범적인 시인이라 불러도 좋을 듯하다. 수많은 수작을 꾸준히 발표해왔고 그 품격 또한 활달하고 고아하다. 아울러 시세계의 넓이와 깊이는 끝이 없다. 그렇다면 백수시학을 효과적으로 읽기 위해 어떤 관점에서 살펴야 할 것인가 하는 물음을 떠올려보는 것 또한 무의미하지 않다. 왜냐하면 백수시학이 지닌 특징을 주의 깊게 살핌으로써 시적 미감을 향유하는데 도움이 될 뿐 아니라 더 나아가서는 시조라는 장르의 존재이유를 깨닫게 해 주기 때문이다.

그래서 나는 다음 네 가지 관점을 가지고 읽으려 한다.

1. 가락

소리의 높낮이가 길이나 리듬과 함께 어울려 나타나는 음의 흐름이 가락이다. 가락을 잘 살려낸다는 것은 단순히 음보를 지킨다는 단순한 의미 이상의 것이다. 백수의 시조들은 이런 면에서 독특한 성취를 이루고 있다. 그 비밀이 어디에 있는지를 알 길이 없다. 다만 몇 작품을 읽으면서 개성적인 일면을 볼 수 있을 뿐이다.

삼복 무더운 날엔 연밭으로 와 보아라
무더운 세상사보단 훨씬 더 서느로운
맷방석만큼 한 잎을 훈풍 속에 볼 것이다.

서천 서역국쯤에서 날아온 그 연잎이
아마 또 그쯤에서 실어 온 그 바람을
우리네 눈을 씻어라 펼쳐 보일 것이다.

이 세상 젤 큰 잎들에 이 세상 젤 밝은 꽃
노니는 잉어바람도 기름처럼 미끄럽고
하늘도 열고 선 못물을 금시 보아 낼 것이다.

—「연밭에서」 전문

율감律感을 최대한 살리고 있다. 그것은 주로 종결어미의 반복이 가져다주는 의미강화와 적절한 음보의 배치가 관계해서 만들어진 것이다. 그런데 백수의 시조에서 보편적으로 볼 수 있는 것은 앞의 음보보다 뒤의 음보를 무겁게 한다는 사실이다.

초장의 "삼복/ 무더운 날엔"이나 중장의 "무더운/세상사보단"이 그런가 하면 둘째 수 초장에 "서천/서역국쯤에서" 셋째 수 초장의 "이 세상/젤 큰 잎들에/이 세상 /젤 밝은 꽃" 중장의 "노니는/잉어바람도" 그렇다. 만일 모범적으로 자수를 지켰다면 대체로 3 · 4 나 4 · 4 쯤이 되었겠지만 그는 이런 자수배치로 음보를 구성했다. 그러나 하나도 어색하지 않고 오히려 자연스럽기까지 하다. 시조는 눈으로 읽어서는 그 미감을 파악하기 어려운 시다. 어느 시인들 그렇지 않을까만 가적인 요소가 중요한 시조의 경우 특히 그렇다. 백수 스스로 많은 시조를 외우고 또 습작시 시조를 외워가며 퇴고하는 것도 이런 성취를 위한 노력임을 알 수 있다.

2. 직관적 상상력

백수 시조에서 가장 놀라운 미덕 중의 하나가 번뜩이는 직관, 그 직관에 의한 탁월한 수사기법이다. 이런 능력은 어디에서 왔을까?

물론 타고난 재능이며 끊임없는 독서와 연마의 결실로 볼 수 있다. 그러나 그렇게 쉽게 말해버리기엔 아쉬움이 남는다.

쓸쓸한 밤하늘을 말없이 외로 떠가다
달도 나뭇가지에 걸려야 비로소 둥글어진다.
한세상 홀로인 이 마음 너를 만나 익은 설움 —「달과 나무」 전문

한 톨 감 외로이 타는 한국 천년의 시장기여 —「감」 부분

낮달처럼 어려오는 인간 오십 고독의 座 —「버들꽃 날리는 날」 부분

새 물 탄 은어 떼처럼 수수밭에 몰린다 —「가을 산조」 부분

밤새 내 어루만져 머루처럼 익은 염주 —「염주」 부분

이 가을 밝은 가난을 꽃씨처럼 받아들자 —「쌍창월」 부분

더 이상 예를 들 필요가 없을 만큼 뛰어난 직관력과 상상력으로 대상을 곧잘 이미지화 한다. 가장 전통적인 형식을 고수하면서도 새롭게 읽히게 할 수 있는 마력은 여기에 근거하는 것이다.

3. 형식

백수는 평시조만 썼다. 그것도 옛 선인들이 썼던 그 형식대로 썼

다. 연시조를 쓰고 단시조를 썼을망정 엇시조나 사설시조는 쓰지 않았다. 그 형식에 동심을 담아서 빼어난 동시조가 되었고 기행의 정감을 담아서 아름다운 기행시조가 되었을망정 파격이나 변조를 용납하지 않았다. 그러나 언제 보아도 자연스럽고 풍요로운 것이 그의 시조의 모습이다.

물건너 제주에는
섬처녀를 비바리란다

비바리 비바리라니
바다새를 닮은 이름

그 이름 죽지쯤에는
소금끼가 묻어있다.

—「비바리」 전문

부박한 세월이라 정 줄 곳이 없었는데
능소화 피는 아침 창문 열고 바라보니
절로는 손 모아집니다. 세상 환히 빛납니다.

주황만도 아닌 꽃이 분홍만도 아닌 꽃이
우리들 사람들만 보라고도 안 핀 꽃이
하늘도 이어진 길목에 등불 내다 겁니다.

—「능소화」 전문

별빛도 소곤소곤 상추씨도 소근 소근
물 오른 살구나무 꽃가지도 소근 소근
밤새 내 내 귀가 가려워 잠이 오지 않습니다.

—「봄 오는 소리1」 전문

이승과 저승 사이가 활 한바탕 길이언만
한 번 쏜 화살이야 시공 위에 꿈이던가
바쁜 듯 悲史는 가고 성문만이 서있다

세월이 가꾸는 것은 산과 초목 뿐인것을
榮枯를 다 안다고 손짓하며 가는 구름
무너진 무심한 성터에 다람쥐만 나든다

한 줌 흙 祖父의 땅 身命 또한 죄일런가
부러진 창검인 듯 갈대꽃은 흩어있고
산 가득 불붙여 논 채로 피를 입고 섰는 나무

기러기 날개 위에 가을 빛 무거운데
풀벌레 울음소리 담고 누운 이 洞天에
이따금 쑥뜸을 뜨듯 恨을 우는 소쩍새여

一萬山 타는 노을 悲風을 뿌리누나
내 눈을 보태본 들 그게 무슨 구원일까

將臺에 오른 저 달이 재촉하는 이발길

—「南漢山城」 전문

평시조의 다양한 모습을 보이기 위해 여러 작품을 인용했다. 「비바리」는 기행시조의 느낌을 주는 단시조이다. 「능소화」는 두수의 연시조이다. 「봄 오는 소리1」은 동심을 아기자기하게 담아낸 단수의 동시조이다. 그리고 「南漢山城」은 다섯 수로 된 연시조이다. 백수의 시조는 이렇게 담고 싶은 무슨 내용이라도 형식이 협소해서 못 담는 경우가 없다. 인용한 시조에서 알 수 있는 바와 같이 여행 중의 정감을 한 컷의 사진처럼 담아내고 꽃을 만나면 꽃처럼 섬세한 언어로 그 사연을 읊어내고 어린이의 마음으로 사물을 바라보면 어린이의 언어로 사물을 채색해 낸다. 민족역사의 비운이 스민 유적을 대하면 만감이 교차하는 후손의 감회를 실타래처럼 풀어낸다. 첫 시조집에 쓰인 서문에서처럼 그의 시조는 시습 같은 이 시인의 뿔인 동시에 관이었다. 천지를 앉히기도 하고 머리카락 같은 미세한 울림도 담아낼 줄 알았다.

4. 종장

흔히 시조의 생명은 종장에 있다고들 한다. 고시조 어느 작품을 보아도 결국 화자의 의지는 종장에 담기고 비약과 반전의 미학은 종장에 가 있다. 그러나 고시조처럼 지나치게 직설적으로 결론을 맺는 종장이라면 현대시로 읽혀야 살아남는 현대시조의 경우 쉽게 따르기가 어렵다. 따라서 많은 시인들은 종장을 여러 모습으로 시작試作하면서 고민해 왔고 지금도 고민하고 있다. 이런 상황에서도 백수는 전통을 철저히 고수하면서도 시적 효과를 풍요롭게 거두고 있다.

뉘우침 뉘우침처럼 돋아나는 민들레꽃 —「강」 부분

탓없이 고향길 가듯 또 한 봄을 가리까 —「조그만 날의 곡조」 부분

이밤엔 날 따라와서 날 울리는 고향달아 —「추석」 부분

내 죽어 내 묻힐 땅이 구름밖에 저문다 —「고향생각」 부분

목련꽃 여는 물소리 온 골 안이 환하다 —「대춘 삼제」 부분

춘삼월 다 이울었는데 철 간 줄을 모르네 —「진달래」 부분

특별히 가려 인용할 필요도 없다. 행을 바꾸어 보거나 난해한 이미지의 충돌로 새로운 의미의 확산을 노리지도 않는다. 오로지 단선의 잣대로 그 느낌을 표현한다. 그러나 직설적인 듯 가까이 다가오지만 객관적 상관물을 적절히 내세워서 스스로 말하지 않는다. 어떤 이는 자유시는 언어의 자유를 지나치게 남용하여 길을 잃었고 시조는 자유시를 따라가다 길을 잃었다고 하기도 한다. 그러나 백수시학의 문전을 기웃거린 사람이라면 한국시조의 한 산맥이 난

세에도 의연히 전통을 받들고 세인의 눈과 귀를 모으고 있다는 기적적인 사실을 확인 할 수 있다.

5. 맺으면서

사람이 세월을 살아, 그것도 살 만큼 살아
옛마을에 돌아와서 초막 아래 누웠자니
가을밤 북두칠성이 내 등에 와 실립니다

내 등은 거북이 등이라 굽을 만큼 굽었는데
하도인지 낙서인지 만파식적 곡조인지
짊어진 하늘이 무거워 잠이 오질 않습니다.

－「무제」 전문

2011년 《월간문학》 7월호엔 만 92세 노시인 백수의 이 시조가 실려 있다. '하도' 나 '낙서'는 주역의 이치가 되는 것으로 등의 무거움을 표현하기 위해 인용한 것이다. 백수 특유의 운율감, 비유, 상상력의 힘으로 잘 짜인 한 편의 가작이라 아니 할 수 없다. 조로하는 우리 시조시단의 풍토에서 본다면 기적에 가깝다. 아니 범 문단적으로 살펴보아도 비교할 시인이 없다.

앞서 말한 것처럼 시조 장르 탄생 이래 가장 많은 작품을 남겼고 가장 전통적인 자세로 시조를 써왔으며 가장 시조의 가락을 잘 살린 시인의 시를 감상하는데 그 관점이 네 가지만 될 수 있겠는가.

친자연의 시인, 유교적인 가치관의 시인, 애국애향시인… 얼른 헤아려 보아도 이런 관점이 떠오른다. 60년대 가장 빈약한 시조단을 타 장르 사람들이 힐난하고 비판할 때 백수는 이미 일가를 이룬 신인으로 나타나서 시조의 가락과 그 유현한 깊이와 심지어 어린이의 마음에까지 닿는 노래를 낳아 방파제가 되었다. 두고두고 연구해서 그가 쌓아놓은 눈부신 시조 성과의 비밀을 알고 계승해야 하리라 생각한다.

어둠이 벼리어낸 긍정의 미학

– 이광석 론

1 .

목영 이광석은 향토의 원로 시인일 뿐 아니라 한국을 대표하는 60년대 시인의 한 사람으로 특히 지역문화 창달에 두드러진 업적을 쌓아온 시인이다. 일찍이 김수돈, 김춘수, 정진업 등 선배시인들을 도우며 초창기 마산문협의 결성에 참여했고 뒤에 문협 뿐 아니라 마산 예총지부장을 역임했으며 경남문협을 결성하여 초대회장을 지냈다. 80년대에는 마산에서 100회 이상 개최했던 「시와 독자의 만남」이란 행사에 지역시인들과 함께 주도적으로 참여하여 시민의 생활 속에 시가 스며들 수 있도록 노력했다. 그런 바탕 속에서 전국에서 처음으로 마산시가 시의 도시 선포를 할 수 있도록 자문했고 시비건립에도 힘을 쏟아 시민들이 문화생활을 향유하게 하는 데 기여했다. 그 뿐 아니라 평생 언론인으로 경남신문 문화부장, 편집국장, 주필, 논설주간을 역임하면서 민주주의와 문화발전을 위한 비판과 감시 그리고 대안의 정론을 펼치기도 했다. 또 문화사업의 중심에만 있었던 것이 아니라 시인으로서의 본업에도 충실했다. 시집으로 『겨울나무들』, 『겨울을 나는 흰새』, 『겨울 산행』, 『잡초가 어찌 낫을 두려워하랴』, 『포켓 속의 작은 시집』, 『삶 그리고 버리기』, 『바다 변주곡』 등을 발간했고 그 외 산문집, 칼럼집, 경남도사, 마산시사, 지역문학사 집필 등으로 동분서주했다. 그리고 우봉문학상, 한국현대시인협회상, 청마문학상, 한국시인협회공로상과 국민훈장 목련장 등을 수상하여 한국문단의 원로로서 확고한 자리를 차지하고 있는 시인이다. 이번 마산문학상 수상을 계기로 해서 목영 이광석 시인의 시적 개성을 개괄적으로나마 살펴보는 것은 우리의 의무인 동시에 의미 있는 공부라고 생각한다.

2.

목영 이광석 시인의 첫 시집 『겨울나무들』(1974년간)의 표제시는 두 편으로 되어있다. 그 중 「겨울나무들(Ⅰ)」은 다음과 같다.

봄은 제 발로 걸어오는 것이 아니다
겨울의 죽은 넋 위에서
스스로 일어서는 것이다
그 確信 때문에
자신의 全生涯를 짊어지고
홀로 山頂을 오르는 겨울나무들
그러나 눈을 감지말자

내 죽은 넋 위에
별빛처럼 빛날
새싹들의 숨결을 맞이하기까지
아직은 더운 입김을 내뿜으며
虛虛한 江물 자락을 쓸고 있자

참 슬픔을 슬퍼할줄 모르는
눈먼 바람으로 남아도 좋고
참 기쁨을 기뻐할줄 모르는
無情한 바위로 남아도 좋다

초롱불 하나 켜들고
칠흑의 어둠을 밀던
어진 선비처럼
썰매를 타고
流浪의 凍土를 달리는

에스키모의 少年들처럼
하이얀 종이 한장에
가난한 詩語를 길러내는
당신의 차가운 볼펜처럼

퍼붓는 言語의 소나기를 헤치고

쓰러지듯 大地의 발부리에
다시 일어서는
詩人으로 살자

비교적 호흡이 긴 장중한 느낌의 시다. 난해하지도 않고 비약도 없다. 건강한 서사를 깔고 시는 강물처럼 흘러간다. 아니면 긴 숨을 내쉬며 산을 오르는 등산가의 모습처럼 부활과 재생의 꿈을 안고 늠름하게 서 있는 겨울나무를 본다. 고통을 지불하지 않고 얻는 열매가 이 지상에 있을까? 꿈이 없는 인내란 무슨 의미가 있을까? 그 겨울나무들이 우리에게 묻는다. 「겨울나무들(Ⅱ)」에서도 낭만적이고 긍정적인 분위기 속에서 "너는 아직도 가슴 한구석/ 한 점의 불씨를 키우고 있는 것은 아닐까"라는 시구나 "무너진 城터에서/ 처음으로 얼굴을 드는/ 불꽃"이라는 시구를 발견하면서 때로는 회의에 흔들리기도 하지만 희망의 의지를 보여주는 것은 「겨울나무들(Ⅰ)」과 다름이 없다.

세 번째 시집 『겨울산행(1987)』의 표제시 역시 서사성 짙은 긴 서정시다.

어둠이여
이 눈발 속에서는
차라리 너는 꽃이다.
겨울이여

이 모진 추위 속에서는
차라리 너는 불씨다.

어느 꽃인들
어둠의 속맘만큼이나
화안히 열릴 것인가
어느 불씨인들
겨울의 忍冬만큼이나
제 몸을 단근질할 수 있을 것인가

버리는 아픔 다 건네주고
가지는 기쁨 하나 거두지 않는
겨울산의 節制를 보라
한량없이 퍼붓는 매질에도
그 흔한 聲明 하나 내지 않는
智異山의 積雪을 보라

궁핍한 詩 한 줄로는 버틸 수 없는
상처받은 삶 배낭 속에 구겨넣고
차라리 산자락에 떠도는 섬이기를
바람과 파도밖에 더 가릴 게 없는
절망에 절인 갯바위이기를
주저하거나 망설이지 말자

내 곁에 어머니의 백발 같은 겨울산이
넉넉히 자리잡고 있음을,
분노도 그리움도 모두 달래 데리고
오늘 하루 이렇게 살아 숨쉬고 있음을
머리 숙여 감사하자

언제나 빈 손으로 빈 가슴으로
시린 광야에 몸져 누운
한 마리 산짐승으로 남아도 좋다
어둠의 속맘만큼이나 화안하게
겨울의 忍冬만큼이나 뜨겁게
겨울의 가장 중심부를 오르는
겨울산행

땀젖은 이마
한 점 흰구름 거둬 문지르며
푸르디푸른 목숨 일으켜 우뚝 선
여기는 해발 1,915m 天王峰 정상
아, 이제 누가 내려줄 것인가
나를 따라 예까지 밀고 온
또 하나 이승의 허망한 標高를
저 구름 밖 中山里 下山길까지
지천으로 이어진

이 가없는 슬픔의 무게를

누가 내려줄 것인가

누가 내려줄 것인가.

여기서 '겨울'과 '어둠'은 동의어다. 겨울이 곧 어둠이고 어둠이 곧 겨울이기 때문이다. 그리고 겨울이나 어둠 속에서 화자는 '꽃'이나 '불씨'를 발견한다. 겨울의 忍冬은 화자를 단근질하는 어느 불씨보다 뜨거운 것으로 노래한다. 아울러 절제와 인내를 노래하고 드디어 어머니를 발견한다. 어머니는 백설을 인 지리산이다. 화자의 상처와 방랑 그리고 절망을 잠재우고 치료해 줄 수 있는 구원의 존재다. '가난을 함지박에 이고 청상으로 칠 남매를 채찍질 해주신 어머니의 한 맺힌 주름살…… 그리고 아들의 좌절과 실의, 허탈과 공허에 가슴 앓는 밤 한 자루의 촛불을 밝혀 보살피던' 현실의 어머니는 이렇게 시화되어 있다. 따라서 이광석 시인에게 산은 에코토피아일 뿐 아니라 세상의 혼란을 정화시켜주는 정신의 거소라고 할 수 있다.

「잡초가 어찌 낫을 두려워하랴」라는 작품은 다음과 같다.

너는 언제나 태풍주의보가 내려진 막막한 바다였다

낫을 들면 성난 파도가 내 키를 넘어 발목까지 칙칙 감아 당겼다

무성한 잡초의 바다에 떠다니는 작은 뗏목 같은, 무기력한 낫 한 자루

차라리 너와 나 사이에 화해의 작은 섬 하나 만들고 싶었다

베어도 베어도 쓰러지지 않는 곧고 바른 是非 하나 키우고 싶었다

낫을 두려워하지 않는 잡초들 자존심 바다보다 깊다

이 세상에 잡초란 과연 있는 것일까? 북아메리카 대륙에 사는 체로키 족 인디언 추장 '구르는 천둥'은 "문명인들이 자신들의 마음에 들지 않는 식물을 잡초라고 부르는데 이 세상에 잡초라는 것은 없다. 모든 풀은 존중되어야 할 이유를 지니고 있고 쓸모없는 풀이란 하나도 존재하지 않는다"고 말했다(김욱동의『녹색고전』). 이런 생각으로 이 작품을 읽으면 시인의 의도를 더 명확하게 느낄 수 있지만 별다른 생각 없이 살펴봐도 비유는 웅숭깊고 아름답게 다가온다. 그것은 작은 것에 대한 배려, 무명의 존재에 대한 각별한 인식 때문이다. 어쩌면 시인은 동읍 과수원에서 잡초제거를 하다가 뽑아도 뽑아도 다시 나는 이 무명의 풀들을 보며 저널리스트로서 현장에서 생생히 바라보고 취재했던 민초들의 모습을 발견했을지도 모른다. 그리고 민초들의 주장이 언제나 정당한 논리를 간직하고 있다고 인식하고 있었던 것이 아닐까. "낫을 두려워하지 않는" 잡초는 그만큼 정의로운 행동을 해왔기 때문에 가질 수 있는 당당한 자세다. 그래서 화자는 "곧고 바른 是非 하나 키우고 싶었다"고 표현한다. 비슷한 작품으로「들꽃 이야기」를 들 수 있다.

남을 밀어내고 피는 꽃도 있지만

제 노동으로 피는 꽃도 있습니다

남의 텃밭을 넘보기보다는

제 힘으로 피는 꽃도 있습니다
크고 화사한 꽃들이 침묵할 때
작아도 할 말 다하는
당찬 꽃도 있습니다
봄은 꽃들이 제 생각대로 제 목소리를 내는
감성의 계절입니다
밟히면 아파하면서 이 땅의 토박이를
고집하는 당신의 상처가 지켜낸 꽃
크고 화사한 어떤 꽃도 그려낼 수 없는
야성野性의 생명력 하나로
세상의 아침 밥상을 차리는
눈꽃, 혹은 조선의 여인 같은
억세고 질긴 다부진 꽃,
당신의 이름은 들꽃입니다

이름 없이 방치된 채 스스로 자라는 풀이 잡초라면 가꿔주지 않아도 돋아나서 꽃을 피우는 식물은 들꽃이다. 이 작품에서 들꽃이 건강하고 억센 모습으로 그려진 것도 「잡초는 낫을 두려워하지 않는다」와 같은 작의를 표현하기 위해서였을 것이다. 더구나 "이 땅의 토박이를/고집하는 당신의 상처가 지켜낸 꽃"과 같은 절구들이 도처에 있어서 시인의 의도가 생경하지 않게 읽힐 수 있는 서정시의 미덕을 잘 갖추고 있다.

최근작으로 마산 바다의 모습을 아프게 그려낸 생태 환경적 안목의 시로 「바다 변주곡」이 있다.

바다는 제 혼자 다니는 길이 있다
고급 세단 같은 상어가 다니는 길을 비켜
토종 전어 고등어떼 마실 다니는 작은 골목길을 달빛으로 간다
세월의 파편이 된 낡은 기억들 하나 둘 사라지고
돌아갈 수 없는 낯선 길 앞에 바다는 지금 아프다
보아라 뭍 어디에도 네가 적실 그리움은 없다
각혈하듯 시의 꽃을 피우던 가포 겨울바다도
조개껍데기처럼 개펄에 엎드려 있다
바다가 마지막 종점인 사람들에겐 바다는 더 이상
내 줄 어깨가 없다 세상의 집들이 어둠에 업혀
잠들 때 밤새 뒤척이던 바다는 제가 숨겨놓은
옛길 하나 불러낸다 그 길섶에 문신처럼 박힌 묵은 통증,
등지느러미 날 세운 쪽빛 너울로 환급 받고 싶다

노산의 「가고파」와 이 시를 비교한다면 지나간 세월이 얼마나 큰 아픔이었는가를 쉽게 느낄 수 있다. 마산에서 거의 전 생애를 보낸 이광석 시인에게 바다는 가장 중요한 일상의 환경이었다. 지리산처럼 찾아갈 필요도 없는 곳에 있을 뿐 아니라 바다의 변화가 시대의 변화인 것을 보고 느끼며 살아왔을 것이다. 그래서 시인은 "내게 바다는 어머니와 같은 것이지요. 그래서 바다는 내게 힘을 실어주었어요. 이러한 점에서 바다의 역사성과 정체성을 부여해본다면, 일

제강점기 마산의 구강포를 지켜낸 '자주의 바다'였고 고운 최치원과 '가고파'의 선율로 빚어낸 '서정의 바다'였으며, 3 · 15 때는 김주열의 주검을 밀어올린 '민주의 바다'가 되었고, 이후 봉암 갯벌이 최초의 수출자유지역이 됨으로써 '산업의 바다'였던 것이 이제 개항 110년 통합시 창원의 새 출발을 알리는 '미래 개척의 바다'로 이어지지요"라는 의미를 부여한 적이 있다. 그러나 산업화가 가져다 준 상처를 시인이 왜 모르겠는가. 서정의 그 바닷가에 이루어진 공업화라는 새로운 삶의 방법이 시대의 어쩔 수 없는 현실이었다 해도 "문신처럼 박힌 묵은 통증"을 기억하고 노래해야 하는 것은 시인의 몫인 것을 왜 모르겠는가. 이 시는 그런 아픔의 기록이고 노래다.

3.

짧은 시간 속에서 민주주의를 정착해야 했던 그 격변의 시기부터 이광석 시인은 오늘까지 살아온 시인이다. 특히 저널리스트로서 시인으로서 그 시대의 공간과 시간은 행복과 불행 그 카오스의 나날이었으리라 생각된다. 1935년생인 이 시인이 맞아야 했던 중요한 역사적 사실은 정부 수립, 농지개혁법실시, 6 · 25 발발 등이 있었고 특히 3 · 15 의거의 경우 현장 취재기자로 활동했다. 어쩌면 민주주의 실현의 교과서 같은 나라에서 그 과정의 시행착오들을 체험하고 관찰하면서 산 세대이다. 해석에 따라서는 한 개인으로 가져보기 어려운 경험일 수도 있다. 그러나 그 기간 개인이 겪어야 했던 불안과 가난은 형용하기 어려운 불행이었을 것은 뻔하다. 이런 시련의 시기를 몸으로 부딪쳐온 이광석 시학의 특징을 다음과 같이 정리하고 싶다.

첫째 대체로 체험에 의해 빚어진 작품이 많다는 점이다. 누구에게나 체험은 중요하다. 릴케는 '시는 체험'이라고 했다. 체험은 시가 진실성을 확보할 수 있는 중요한 자산이다.

둘째 서사적인 포즈를 많이 취하고 있다는 점이다. 서정시는 대체로 단시를 지향한다. E. A. Poe도 시는 근본적으로 단시여야 한다고 보고 그 이유는 단시가 아닌 경우 불순물이 끼이기 쉽다고 한 바 있다. 그러나 우리나라 현대시단에서는 지나치게 개인적이고 호흡이 짧은 시들이 만연해서 경계의 목소리가 나기도 했고 성공한 장시를 지금껏 갖지 못하고 있다는 사실을 상기해 보면 주목할 만하다. 이광석 시인의 경우 「겨울나무들」, 「겨울 산행」이 그렇고 특히 「설악산 조난기」는 무려 55행으로 구성되어 있다. 이런 긴 시의 경우 서사성이 그 호흡을 이끌어간다는 것을 확인할 수 있다.

셋째 대체로 호흡이 긴 시뿐 아니라 연작시가 많다는 점이다. 겨울 시리즈는 3권의 시집 이름으로 그 집념을 보였고 「잡초가 어찌 낫을 두려워하랴」 경우도 연작이다. 이러한 현상은 시인의 저력과 치열한 탐색의 결과로 볼 수 있다.

넷째 수사의 탁월성을 들 수 있다. 긴 시들은 잘못하면 산문성을 노출하게 되고 초점이 흐려지기가 쉽다. 이 시인의 경우 그럴 때마다 뛰어난 비유나 섬세한 이미지로 서정적 분위기를 확보해낸다.

다섯째 이광석 시인은 어둠의 세계나 주변적인 대상에서 시를 빚곤 한다. 가령 「겨울나무들」이나 「겨울 산행」, 「설악산 조난기」 또는 「잡초가 어찌 낫을 두려워하랴」 연작이나 「들꽃 이야기」,

「헌 책방」 등에서 그런 시각을 확인할 수 있다.

마지막으로 이광석 시인의 시는 긍정적 세계관을 가지고 있다. 소외된 존재, 작은 존재, 어두운 세계를 노래하면서도 그는 언제나 그 속에 희망의 통로를 마련해 놓는다. 가령 겨울을 불씨나 꽃으로 보는 것이나 새싹의 숨결을 맞기까지 겨울이 있어야 한다는 표현이 그렇고 낫을 두려워하지 않는 잡초들의 자존심이 그렇고 남을 밀어내지 않고 제 노동으로 피는 들꽃을 발견해 내는 경우가 그렇다.

시인은 스스로 자신의 시론을 3가지로 정리하여 제시하고 있다. 첫째는 이론적 잣대를 거부하고 기교에 매달리지 않으며 표현에 다소 간격이 있다해도 나만의 자유, 나만의 시 이바구, 나만의 문법을 시적 성찰로 삼는다는 것이다. 둘째, 아무리 연결고리가 매끄럽지 못해도 지나친 추상 비약은 삼간다. 다소 절제의 미학이 떨어져도 담담한 산문체의 흐름을 유지한다는 것이다. 셋째, 시의 본질이 잘 들키지 않는 행간에 작은 감동 한 단어는 묻어둔다는 것이다.

좋은 시인이 좋은 시론가일 수도 있고 그렇지 않을 수도 있다. 그러나 자기만의 시론을 가지고 시를 쓸 수 있는 시인이 행복하리라는 추론은 가능하다.

이광석 시의 광맥이 풍요롭고 그 결실의 건강하고 아름다운 모습이 확고한 시론 덕분인지도 모른다. 항로 원로 시인의 작품을 검토하면서 결핍과 소외 등 그 많은 어둠 속에서 단련해낸 긍정의 미학을 확인하면서 존경과 신뢰의 마음을 가질 수밖에 없다는 사실은 분명하다. 마산문단의 한 축복이다.

나의 시조, 나의 시론

1. 전통 그리고 언어미학적 관점

나는 중농의 가정에서 8남매 중 7번째로 태어났다. 내가 태어난 1946년은 해방 이듬해이고 청록집이 발간된 해이기도 하다. 아버지는 한학을 하셨고 어머니는 시나 가사 외우기를 좋아하고 생활화하시는 분이었다. 어릴 때 외울거리를 만들어 달라고 하셔서 형님들 국어책에서 고시조나 정철의 사미인곡, 속미인곡을 비료포대 종이나 신문지에 붓글씨로 써 드리곤 했다. 그런 가정 분위기 때문에 나는 자연스레 책읽기를 좋아했고 가끔 혼자서 시를 써서 외워 보곤 했다. 아버지께서는 그런 나의 모습을 보시고 언제나 말이 없으셨다. 그러나 고등학교 다닐 때쯤엔 오히려 화를 내셨다. 글 쓰는 일은 집안을 망치는 일이라고 타이르시곤 하셨다.

중학교 때는 헌책 장사가 가져온 책을 운동장에서 펼쳐 놓고 팔곤 했다. 대부분 문학책이었다. 모윤숙의 『렌의 애가』, 한하운의

『보리피리』, 신석정의 『어머니 아직은 촛불을 켤 때가 아닙니다』 등과 청록파 시인들의 시집, 김춘수의 『세계 현대시 감상』, 김소월, 장만영, 김용호 시인들의 시집을 사서 많이 읽었다. 내 문학은 그런 독서를 통해 조금씩 깊어 갔지만 어디까지나 취미로 생각했다. 경북대학교 사회교육과에 입학한 것도 문학을 취미로 생각하는 나의 다짐을 현실화시킨 결정이었다.

그러나 운명은 나의 결정을 그냥 두지 않았다. 한일회담 반대 데모로 어수선한 1967년 8월 14일 나는 육군에 입대했고 군대 생활 3년 내내 작은 형님은 박봉에도 《현대문학》을 매달 사서 부쳐 주셨다. 나는 결국 습작을 했고 가끔 독서일기를 쓰기도 했다. 1970년 복학한 뒤에도 법학과 학생들의 교과서를 구해 읽으면서 사법고시를 막연히 생각했다. 일학년 가을 어느 날 나는 『고시계』를 사러 갔다가 《현대시조》라는 잡지를 사 왔다. 그날 밤에 비가 내렸고 경북대학교 중앙도서관에서 너무나 외로워 《현대시조》를 꺼내 읽었다. 김상옥, 이근배, 장순하 시인들의 작품이 있었지만 내 눈엔 이영도의 「모란」이 환하게 들어왔다.

"여미어 도사릴수록/ 그리움은 가득하고/ 가슴 열면 몰려드는 겹겹이 먼 하늘/ 바람만 봄이 겨웁네 옷자락을 흔든다."

생의 방향을 잡지 못해 방황하는 내게 「모란」이 시조를 쓰게 했다. 결국 시조작품 2편을 써서 학보사 투고함에 넣었다. 그 작품이 활자화되고 김춘수 교수의 고평을 받으면서 나는 고등학생을 가르치면서 시조를 쓰면 어떨까 하는 생각을 하게 되었다.

사회교육과 역사전공인 나는 학과 공부에 큰 흥미를 갖지 못해서 늘 창작에만 심혈을 기울였다. 1년에 두 번씩 학보에 발표되는 내 작품은 김춘수 교수의 때로는 자상하고 때로는 가혹한 비평에 의해 단련되어 갔다. 김춘수, 김종길, 조지훈, 조병화 선생의 시론집을 구해 읽고 영남대 박철희 교수께 평론에 대한 얘기도 들었다. 결국 1973년 《현대시학》 2월호에 「이슬」, 「지환」이란 작품으로 첫 추천을 받았다. 이영도 선생의 선이었다. 작품 제목이 환기하는 바와 같이 아름다운 것, 전통적인 것에 대한 그림 그리기가 내 습작 과정의 전부였다.

그러나 릴케에 경도되어 있던 김춘수 선생은 스스로의 작품과 비평으로 언어에 대한 각성과 내면 의식의 중요성을 가르쳐 주셨기 때문에 그냥 사물 그리기는 물론 아니었다. 우리나라 시는 모더니즘시, 리얼리즘시, 전통서정시가 있다고 봤을 때 나는 전통서정시 이상으로 모더니즘 계열의 시에 더 흥미를 가지고 작품화하려고 노력했지만 이영도 선생은 2회째는 「편지」, 「설야」, 3회째는 「도리원 주변」 등 서정적인 작품을 추천해 주셨다.

1977년 첫 번째 시집 『누군가 와서』를 내었지만 그 시기의 대표작으로 1981년 두 번째 시집 『빈 배에 앉아』에 실려 있는 다음 작품을 들 수 있다.

나는 그대 이름을 새라고 적지 않는다
나는 그대 이름을 별이라고 적지 않는다
깊숙이 닿는 여운을
마침표로 지워 버리며.

새는 날아서 하늘에 닿을 수 있고
무성한 별들은 어둠 속에 빛날 테지만
실로폰 소리를 내는
가을날의 긴 편지.

—「비」 전문

1983년 중앙일보 제정 제2회 중앙시조대상 심사에서 이 작품과 유재영의 「월포리 산조」가 대상 없는 신인상 공동 수상의 영예를 안았다. 김상옥, 장순하, 박재삼 선생이 심사위원이었다. 프랑스 시인들의 그림자 혹은 박목월 시풍이 스며 있다고 얘기하기도 했고 장경렬, 이종문, 이상옥은 여러 갈래로 이 작품을 해독했지만 나는 정착적 이미지와 시각적 이미지, 상승의 이미지와 하강의 이미지를 그려 보이면서도 결국 가을비는 부치지 못하는 연문처럼 애처롭다(실로폰 소리)고 표현한 것이다. 내가 이 작품을 쓰게 된 것은 외국 시나 청록파 시인들의 영향을 받은 것은 사실이지만 시란 아름다워야 한다는 내 지론이 가장 큰 영향을 미쳤다고 생각한다.

2. 현장의 시학

처음부터 그런 생각이 없었던 것은 아니지만 박물관에 놓인 「잔」이나 「뮤즈」를 노래하면서 또는 「봄비」나 「단풍물」을 노래하면서 한편으로 무언가를 잊고 있다고 느끼고 있었고 그것이 다름 아닌 현실이었다. 그런 의식은 60년에 참여시를 읽으면서 또는 한일회담 반대 데모나 교련 반대 데모를 하면서 늘 느끼곤 했다. 그러나 성공한 참여시처럼 내적으로는 치열하지만 수사는 승화된 것이어야 한다고 생각해 왔고 그런 계열의 작품으로 「팽이」, 「나사 · 2」, 「실업」 등을 발표하면서 콤플렉스 극복을 위해 몸부림쳤다.

쳐라, 가혹한 매여 무지개가 보일 때까지
나는 꼿꼿이 서서 너를 증언하리라
무수한 고통을 지나
피어나는 접시꽃 하나.

–「팽이」 전문

팽이는 여러 색깔을 칠해 돌려도 결국 빨간색이 되어 도는 것을 어릴 때 보았다. 나는 그런 팽이를 언 논에서 돌리며 놀았다. 내가 때리는 채찍을 맞을 때 팽이는 팽이의 역할을 한다. 그 기억을 떠올려서 1972년부터 1979년까지 자행된 유신 시대를 표현하고 싶었다. 수많은 양심수들, 투옥된 학생들은 팽이처럼 자신을 희생시켜 정의를 증명한 희생자였다. 아니 유신 시대가 아니라도 우리 사회 곳곳에서 세상을 바로잡기 위해 팽이의 역할을 자임하여 희생하는 사람들을 발견하는 것은 어렵지 않다. 이 작품은 오래 고민하지 않고 썼지만 평론가, 자유시인, 시조시인, 이름 없는 독자의 호응으로 내 대표작이 되어 있다.

1

나사가 나사일 땐 나사인 줄 몰랐다

병든 자본의 가지 끝에 앉아서
마지막 조립을 위해 피 흘리던 손이여

무너진 계단 밑에서 잠이 든 너를 보며
으깨진 사체 속에서 일어서는 너를 보며
어둡고 아름다운 세상의
나사를 생각한다.

2
일기를 쓰기 위해 안약을 넣는 저녁
따스함도 희망도 애써 넣어 보지만
창 밖엔 수의도 없이
떠도는
7월이
깊다.

―「나사 · 2」 전문

이 작품은 1996년에 간행한 시집 『사전을 뒤적이며』에 실려 있지만 1995년에 발표한 것으로 그 해 연말에 시상된 제14회 중앙시조대상 수상작이다. 일부러 부제를 달지 않았더니 검정삿갓이란 익명의 논자로부터 이런 추상적인 작품으로 중앙시조대상을 받는 것은 어처구니없다는 식의 비난을 받았던 작품이다. 그 때 심사위원은 조남현 서울대 교수와 장순하, 이근배 시인이었다.

나사는 모든 기계의 기초 단위다. 어떤 기계도 나사 없이는 그 기계가 기능하고자 하는 목표를 달성할 수 없다. 삼풍백화점 붕괴 사고에서 가장 분노했던 것은 이미 금간 건물이 붕괴를 예고했는데도 순간의 이익에 집착하여 철수 명령을 내리지 못한 병든 자본가였고 가장 눈물겨운 것은 끝까지 맡은 구역을 지키다 매몰된 상업고등학교를 나온 어린 여직원들이었다. 그들은 사원으로 취직한 뒤 받는 월급을 먹는 것까지 아껴 가며 시골 어머니께 송금했다는 미담이 전해졌을 때 전 국민이 가슴 아파했다. 그 사고 뒤 곳곳에서 시체 발굴 작업이 이루어지고 인내력 있던 직원들이 불굴의 의지로 생명을 회복하는 기적이 있었다. 그 풍경을 TV로 바라보면서 쓴 작품이다. 조금도 추상적이지 않은 현장의 시다.

길이 짧아졌다

제출할 서류가 없다

커서는 신호등처럼

쉴 새 없이 움직이지만

화면엔

초점도 없는

허공이

걸려 있다.

—「실업」 전문

이 작품은 2003년에 간행한 시집 『맹인』에 실려 있지만 1997년

이 땅에 불어 닥친 IMF 이후에 자행된 몸서리쳐지는 실업 사태를 바라보며 쓴 작품이다.

고시조건 현대시조건 시조라는 이름 속에는 시대의 노래를 불러야 한다는 명령이 들어 있다. 가령 이방원의 하여가나 그 하여가에 단심가로 답한 정몽주의 모습을 상상하며 무너지는 고려와 신생하는 조선의 운명을 생생하게 느낄 수 있는 것이다. 다만 현대시조는 음악과 사실상 결별한 채 시로 읽혀야 하기 때문에 서정성과 현대성 혹은 시대성을 얼마나 조화시킬 수 있는가가 성공의 열쇠가 될 수밖에 없다.

3. 아포리즘적인 시, 혹은 초월의 미학

시조는 시대와 동거하는 운명을 타고난 시다. 그러나 모든 시조가 천편일률적이라면 시조의 정원이 얼마나 초라해질 것인가. 15, 16세기의 학자들은 시조에 윤빈 혹은 교회의 기능을 실었고 황진이나 홍랑 같은 기녀들은 영원한 절창의 사랑 노래를 빚었다. 나는 최근 단형시조와 인생의 지혜가 담긴 아포리즘적인 시조를 쓰려고 마음먹고 있다. 이미 《현대시학》, 《열린시학》 등을 통해 작품과 함께 그 견해를 피력해 왔지만 그 실적을 한 권의 시집으로 보여 주지는 못했다. 이번에 묶은 제8시집 『아식도 거기 있다』는 기존 단형시조 40편과 신작 30편을 묶은 것으로 한 권 전체가 단형시조다. 이 시집에는 세상을 지혜롭게 통찰할 수 있는 아포리즘적 시구가 소수 담겨 있다고 나는 생각한다. 모든 작품이 그렇지는 않겠지만 노년에 들어서면서 문득 이런 욕심을 가지게 되었다.

길이 가파른 곳엔
반드시 샘물이 있다
상처가 깊을수록 깊어지는 사랑이 있듯
어둠을 뚫고 빛나는 저 별빛의 일획으로

①

껴도 희미하고 안 껴도 희미하다
초점이 너무 많아
초점 잡기 어려운 세상
차라리 눈감고 보면
더 선명한
얼굴이 있다

②

길은 달리면서 바퀴를 돌리지만
바퀴는 돌면서 길을 감고 있다
모나고 흠진 이 세상
둥글게 감고 있다

③

①은 「희망」이란 제목의 시조이고, ②는 「안경」이란 제목의 시조이고, ③은 「바퀴는 돌면서」라는 제목의 시조다. 시공을 초월해서 읽혀지길 바라면서 쓴 것이다. 특히 작품 ③은 어느 지면에도 발표

하지 않은 것으로 이번 제8시집『아직도 거기 있다』에 담았다. 오늘날 자유시는 지나친 장형화 경향을 띠고 있다. 그리고 지나친 산문화 경향을 보여 주고 있고 주제 의식도 미약해진 느낌이다. 이러한 상황의 초래가 잘못되었다고 나는 생각하지 않는다. 그런 변화에는 이유가 있는 것이기 때문이다. 그러나 시조는 절제미를 살리고 운문 미학의 묘미를 극대화하고 주제 의식도 건강하고 분명하게 해서 자유시와 또 다른 변별성과 존재 이유를 가져야 한다고 생각한다. 이런 시조의 특장이 있을 때 한국 현대시는 현대자유시와 현대시조를 포괄해야 한다는 우리의 주장을 뒷받침할 수 있다.

4. 다시 휴머니즘을 생각하며

내가 휴머니즘을 깊이 생각하기 시작한 것은 1980년대 부산 어느 일식집에서 초정 선생이 들려주시던 투루게네프의 산문시「걸인」을 알고 난 뒤부터였다. 그 분이 들려주신「걸인」은 다음과 같다.

어느 추운 겨울날이었다. 걸인은 거리에 서서 적선을 호소하며 구걸하고 있었다. 한 신사는 그 걸인 앞에 가서 자신의 주머니를 뒤지기 시작했다. 걸인은 연신 고개를 조아리며 감사를 표시하는데 그 신사의 주머니엔 그날따라 아무 것도 없었다. 그러자 당황한 신사는 차가운 걸인의 손을 꼭 쥐어주며 "어쩌지요 아무 것도 드릴 게 없어서요?"라고 하곤 몇 발자국 걸어갔다. 그런데 그 걸인이 다시 와서 그 신사의 손을 잡으며 "나으리, 제게 더 이상 무엇을 주시겠습니까!" 하는 것이었다. 그 신사는 자기가 걸인에게 무언가를 준 것이 아니라 그 걸인이 자기에게 무언가를 주고 갔다고 생각했다.

초정 선생은 자신의 시를 잘 외우기도 했지만 미당의 시도 좋아해서 주례사 대신 미당의 「무등을 보며」를 외운 적도 있었다. 「무등을 보며」도 따뜻한 인간애를 느낄 수 있는 시다.

나는 시에서 진솔함과 인간애, 그리고 성찰이 있으면 독자에게 감동을 준다고 생각했고 그 원동력이 휴머니즘이라고 믿었다. humanism은 라틴어 humanista에서 유래한 것으로 원래 모든 인간적인 것을 의미함과 동시에 인간으로서 당연히 갖추어야 할 자세 또는 인간을 인간답게 하는 본성을 옹호하고 실현하려는 입장을 뜻한다. 좁은 의미로는 우리가 잘 아는 14세기 말, 이탈리아 자치 도시에서 시작하여 유럽 여러 나라로 퍼져 간 문화운동으로 인문주의자 보카치오는 토속어로 서사시를 썼으며 살루타티는 페트라르카처럼 도덕론과 정치학에 관한 필사본을 모았고 단테는 신곡을, 페트라르카는 그의 애인에게 인간 원초의 감정으로 서정시를 썼다. 결국 신께 지배당한 중세를 해방하는 운동이었다.

르네상스의 인문주의는 인간과 신의 관계, 인간의 자유 의지와 자연에 대한 인간의 우월성을 강조하는 정신적 태도를 포괄했다. 17, 18세기에 와서는 휴머니즘이 갈릴레이, 코페르니쿠스, 뉴턴 등에 의해 발전된 근대 과학과 결합되었다. 근대 서양 철학의 시조라고 할 수 있는 데카르트는 종교적인 '자연의 빛'이 아니라 타고난 '자연의 빛' 즉 양식(common sense)에 의한 철학의 기초를 세우고자 했다. 19세기에는 니체와 톨스토이의 생철학, 하이데거, 야스퍼스의 실존주의, 제임스, 듀이의 실용주의 등 여러 갈래로 나누어졌다.

그러나 어느 때 어느 곳에서나 인간의 본성이 훼손되고 인간의 자율성이 억압당할 때 휴머니즘은 수많은 다른 이름으로 나타나서 인간의 인간됨을 지켜야 하고 지킬 것이다. 과학의 폭력으로부터 인간을 지키는 것, 소외의 문제, 빈부의 갈등을 치유하는 것 등 우리가 사는 세상은 적지 않은 문제를 던지고 있다. 이러한 때에 시인들은 인간의 고통을 외면하고 개인적인 미학의 동굴에 빠지거나 고뇌 없는 언어로 세상을 그려서는 안 된다. 시는 감동이 필요한 것이다. 중견 시인 손택수, 문태준이나 신예 박준, 황인찬의 작업에 박수를 치는 것도 잃어버린 정감을 발견할 수 있기 때문이다.

나는 내 시조들이 새로우면서도 우리가 안고 사는 세상의 여러 고통을 위무하는 시가 되었으면 한다. 설사 모기만한 소리라도 진심을 담아서 내 시조를 읽고자 하는 독자를 향하여 조심조심 다가가고 싶다. 이 생각이 나의 시론이다.

LEE YU GEL ESSAY

I

영원을 꿈꾸는 물의 나라

– 박권숙 론

1.

박권숙의 시조를 나는 무척 좋아한다. 그 이유 중의 하나는 그의 작품들이 일관되게 풍겨 주는 여운으로 지나치게 드라이하지 않다는 점을 들 수 있다. 현대시가 어느 시점에서 감정 유로의 계곡을 빠져나옴으로써 단단한 힘, 과장되거나 유약해 보이지 않는 힘을 가질 수 있었다. 그러나 이러한 의도가 만연되면서 나타난 병폐 또한 심각한 것이다. 가령 지나치게 조작적인 이미지의 시, 지나치게 과학적이고 정밀한 시, 지나치게 난삽한 시들이 독자들과 거리를 멀게 했기 때문이다. 우리 민족은 두루 알고 있는 바와 같이 시나 노래를 대단히 즐기고 숭상해 왔다고 할 수 있다. 그런 전통에서 헤아려 본다면 이러한 병폐는 전문가의 분야이기 때문에 언어 훈련이 안 된 독자가 이를 이해하지 못하는 것은 당연하다고 치부해 버리기엔 그렇게 가볍고 단순하지 않은 문제가 있다고 느껴진다.

원추리꽃 만발한 산밭어귀 어디론가
흙항아리 머리에 인 가야족 여인이 되어
이마의 밝은 그늘을 훔쳐내고 있었다.

부드러운 고령토 희디 흰 살결마다
별과 별 사이를 지나 이제 막 돌아 오는
외로운 꿈 한 가닥이 파란 테를 두른다.

– 「섬진강」 전문

내 이름 석자 앞에 눈물 짓지 말아라
청송 고개 마루 쯤에 육신을 벗어놓고
아비의 아들이 사는 마을을 향해 가는 해

어둠의 끝에 닿는 마지막 순간까지
제 몸의 빛만큼씩 그림자를 늘이고
붉어 더 선연히 타는 저 사랑을 보아라.

아비의 아들들이 아들의 아비가 되는
기억 속 금을 뿌린 해가 되어 남고 싶다.
그 해의 가슴에 뜨는 그리움으로 남고 싶다.

– 「묘비명」 부분

우리가 아직 작은 물방울이었을 때

파초 잎에 후들거리는 소나기를 꿈꾸었네
싱싱한 남은 꿈들로 타오르던 물줄기

우리가 푸르디 푸른 바다로 출렁일 때
한 소절 부르리라, 꿈의 종착지에서
구슬피 울려퍼지는 내 영혼의 연가를

–「파도소리 · 1」 전문

「섬진강」에서 시인은 토기를 이고 가는, 어쩌면 가야족인 것 같기도 한 여인의 모습을 환상적으로 보여준다. 둘째수에서 그려내는 상상력의 탁월함은 "외로운 꿈 한가닥이 파란 테를 두른다"에서 절정을 이룬다. 이 작품은 사진을 찍듯 대상을 바라보면서 그냥 아름다운 느낌으로 그려낼 수 있는 수준에 머물러 있지 않다. 적어도 천부적인 시인의 감성이 지적 통제과정을 거친 언어와 결합해야 빚어낼 수 있는 이미지들이다.

그런데 그러한 계획하에 짜여진 시조지만 우리는 섬진강을 지나면서 어쩌면 한번쯤은 만난 듯도 한 정겨운 과거 회상에 젖고 만다.

「묘비명」에서는 '눈물'이란 단어를 발견한다. 물론 제목과 연관시켜 보면 낯선 것은 아니다. 그러나 '그림자'나 '사랑'을 연결시켜 보면 달관한 자의 목소리로 일관하기 쉬운 이런 제하의 시편들과는 다르게 뜨겁고 강렬함 같은 것을 느끼게 된다.

「파도소리 · 1」에서는 "구슬피 울려퍼지는 내 영혼의 연가"를 발견한다. 적어도 그가 일반적인 시작법에 철저했다면 이런 구절들을 사용하기는 어려웠을 것이다.

난삽하지 않고 격정적이고 또 명징한 이미지를 효과적으로 구사하는 박권숙 시인을 생각할 때마다 척박한 90년대의 시조 들판에 객토를 하기 위해 태어난 시인이라는 느낌을 지울 수가 없다.

2.

박권숙의 작품을 읽으면서 지나치게 드라이하지 않다고 느끼는 이유는 어디에 있을까? 물론 적당한 감정 조절을 통해 자신의 내면을 효과적으로 드러내기 때문일 것이다. 또 이 말을 박권숙의 시조를 읽고 좀 더 구체적으로 부연해 본다면 '거슬리지 않을 만큼의 감정을 그의 작품 곳곳에서 발견할 수 있기 때문일 것이다'라고 고쳐 말할 수 있다.

적당하게 물기가 스며 있는 구절들이 건조한 시문장 속에 섞여서 독자들을 젖게 한다. 박권숙의 시집에서 우리가 가장 많이 만날 수 있는 시어가 바로 '물' 혹은 물과 유관한 언어들이라는 것은 그러므로 우연한 것이 아니다.

물, 물살, 강, 강물, 피, 바다, 눈물, 울음, 이슬, 물방울 등이 빈번하게 나타난다. 그는 왜 '물' 혹은 물과 유관한 언어들을 많이 사용하게 되었을까?

1962년 2월 2일 나는 경상남도 양산군 양산면 신기리에서 태어났다.

원래 아버지의 고향은 울산이고 어머니는 청도 분이라 특별한 연고가 있는 곳은 아니었고 선산고등학교에 계시던 아버지께서 양산농고로 오시게 됨에 따라 임지에서 태어났을 뿐이었다. 교육 공무원이셨던 아버지를 따라 자연히 우리는 이사를 다녔는데 3~4세 때는 김해 대저면의 낙동중학교로 전보가 되어 비로소 우리는 부산 쪽으로 오게 되었던 것 같다. 위로 두 오빠를 둔 뒤에 낳은 딸이라 나는 퍽 많은 귀여움을 받았으나 2살 위의 오빠가 홍역 후유증으로 죽자 대구, 부산 등지의 큰 병원을 전전하며 치료하느라 이리 저리 나뉘어 살다 내가 네 살 되던 가을, 아버지께서 부산으로 발령을 받으면서 우리는 이후 계속 부산에서 뿌리내리고 살게 되었다.

아버지께서 처음 전근되신 곳이 부산 영도에 있는 학교였던 탓에 너나없이 가난하던 60~70년대, 척박하지만 더없이 풍광이 아름다운 작은 섬에서 유년 시절과 사춘기를 보낸 내 삶의 전부는 바다였다. 세상은 어디나 으레히 눈 닿는 곳마다 바다가 있는 줄 알 정도로 바다는 무궁무진한 우리의 놀이터였고 삶의 터전이며 감수성의 모태였다.

①

인용한 글 ①은 그의 시작 노트의 일부분이다. '바다'가 바로 "감성의 모태"였다는 단정적 고백은 어린 시절 그가 얼마나 바다와 가까이 살고 또 바다를 좋아했는가를 잘 보여주는 증거가 된다. 그러나 그가 내면적으로 더 많은 영향을 받았을 것으로 생각되는 다음 얘기는 그의 작품을 독해하는 데 더 중요하다.

교육대학원 학위 취득과 함께 고등학교로 전보 발령을 받고 박사 과정 시험을 치르려 원서를 내었으나 시험은 칠 수 없었다. 87년 드디어 내 인생은 모든 빛을 잃고 무섭고 괴로운 불치의 병 뒤로 장막을 내리고 내 진학의 꿈은 영영 좌절되고 말았던 것이다. 87년 봄 청천벽력처럼 시작되었던 병고, 아버지의 신장이식, 참혹한 거부 반응으로 육신은 거듭된 입원과 고통으로 만신창이가 되어 있었다.

②

인용한 시작노트 ②는 내면적 환경으로서 액체의 성격을 지닌 피와의 인연을 설명하고 있다. 바로 이 두 가지 체험이 그의 시조의 명암을 이루면서 낱말의 내면을 흐르고 있다.

3.

원형비평에서 물은 '창조의 신비', '탄생', '죽음', '부활', '정화와 속죄', '풍요와 성장' 등을 나타낸다. 그러나 인용한 근접한 성질의 낱말들은 각각 다르게 해석되어진다. 가령 바다는 '모든 생의 어머니', '영혼의 신비와 무한성', '죽음과 재생', '무궁과 영원' '무의식'을, 강은 '세례', '죽음과 재생', '시간의 영원한 흐름', '생의 순환과 변화', '신들의 화신'을, 피는 '희생', '열정' 등을 나타낸다. 물론 박권숙은 이러한 의미에 바탕 해서 시조를 쓰지는 않았다. 그러나 인용한 시어들이 그의 시조를 메마르지 않게 적셔 주고 있다는 것은 엄연한 사실이다.

풀들이 모두 젖는 뿌리로 일어서서
아물지 않는 상처 푸른 피 뚝뚝 듣는

– ③「주왕산에서」 첫수 초 중장.

숨어서 홀로 만발한 당신의 눈물처럼

— ④「주왕산에서」 셋째 수 종장.

삶 너의, 명암 뚜렷한 옆얼굴의 눈물겨움

— ⑤「겨울묵시록」 다섯째 수 종장.

어두워 길을 더듬는 검은 물을 만났다.

— ⑥「겨울묵시록」 첫째 수 종장.

우리가 유년의 한 물살로 누울 때

— ⑦「노숙」 첫째 수 초장.

밤새워 넘쳐 오르는 한 바다를 보리라

— ⑧「뜨개질」 셋째 수 종장.

세상을 향해 흔드는 출항의 돛대처럼

— ⑨「다섯개의 촛불」 둘째 수 종장.

어렵지 않게 인용한 물과 관련된 시어들이 그 싯귀를, 혹은 작품 전체를 은은히 적시고 있다는 것을 친절하게 증명해 준다. 이러한 예는 그의 작품 거의 전편에 해당된다 해도 과언이 아니다. 그러면서도 그의 시조들은 역동성을 얻고 있다. 바꾸어 말하면 그의 시조들은 긴장감을 고조시키면서 독자에게 시의 아름다움을 전해

준다. 그 이유는 어디에 있을까? 가령 '낯설게 하기에 성공하고 있다'라고 말한다거나 '언어의 정확성'을 예를 들어 설명해도 그 내밀한 긴장감의 원인을 효과적으로 안내해 준다는 느낌은 들지 않는다. 나는 그 원인 중 가장 중요한 것으로 빛과 어둠의 처절한 싸움을 그의 시편들에서 볼 수 있기 때문이라고 생각한다. 또 다르게는 그의 작품 속에서 물 혹은 물과 유사한 성질을 지닌 시어들이 빛과 어둠이라는 대립적 색깔을 발산하고 있기 때문이라고 얘기하고 싶다. 인용한 작품에서 구분해 본다면 ③, ④, ⑤, ⑥ 등은 어둠의 색깔을 띄고 있고 ⑦, ⑧, ⑨ 등은 빛의 색깔을 띄고 있다. 이러한 색깔들이 같은 작품에서 혹은 다른 작품에서 긴장감을 자아내기 때문에 극적인 비극미 혹은 희망과 생명의 아름다움을 빚어낸다.

4.

까아만 씨앗이 되어 여물어 갈 것입니다. ⑩

저 깊은 울부짖음의 상처를 껴안아라 ⑪

전신을 떨며 부르는 내 영원의 노래法 ⑫

운행의 한 길을 따라 빛을 밝혀 흐르리라 ⑬

깨끗한 물방울 등의 승천을 볼 수 있었다 ⑭

1991년 12월이었다. 조선일보 근처의 작은 음식점에서 박권숙의 작품을 처음 만났다. 근처의 커피숍에서 한 손님을 만나야 했기 때문에 '중앙일보 지상 시조 백일장' 연말 심사가 빨리 진행되기를 바라면서 작품을 읽고 있던 중 번쩍 눈에 띈 것이 「初雪」이었다. 다른 작품을 다시 볼 필요도 없다는 단정으로 이 작품을 접어두고 손님을 만나러 나왔다가 다시 심사 장소에 가서 확인해 본 결과 당선이었다. 젊은 남자 시인을 대망해 왔던 몇몇 심사 위원들은 허전한 느낌을 갖고 있었을지도 몰랐다. 그러나 이러한 편견은 과감하고 정확하고 탄력 있는 이 시인의 작품 앞에 무릎을 꿇고 만 셈이었다.

두 번째 이 시인과의 만남은 부산에서이다. 1993년이었던 것 같다. 가족의 입원으로 나는 약 3개월간 부산 어느 병원에 머물게 되었다. 그러던 어느 날 우연히 연락이 되어 어머니와 함께 온 박시인을 볼 수 있었다. 병고에 시달리고 있다는 느낌은 들었지만 그녀는 아름다운 처녀였다. 그러나 팔뚝에 수없이 주사를 맞은 흔적이 보였다. 그가 할 수 있는 것은 시조를 쓰는 것뿐이라고 했다. 어쩌면 병마 덕분으로 시조를 만난 것이 그녀에겐 그나마 누릴 수 있는 아름다움과 기쁨이라고 생각하고 있는 것 같았다.

두보와 영랑, 혹은 미당을 사모하면서 책방 주인이 되고 싶었던 문학소녀는 이제 그 작은 건강의 허락 안에서나마 일주일에 두 번씩 부산 경상전문대학에서 시론을 강의하는 시인이 되었다. 휴머니즘을 스스로의 문학에서 추구하고자 하는 목적으로 삼는 그녀의 강의 역시 따스하리라 여겨진다.

앞에서 인용한 ⑩, ⑪, ⑫, ⑬, ⑭의 싯귀들은 여러 작품에서 뽑은 종장들이다. 나는 이 구절들을 읽으면서 이 시인의 내면을 절절하게 흐르는 물들이 닿고자 하는 세계의 종점을 발견하려 한다. 어둠을 거쳐 옹이 박힌 세월을 견디며 그 물들은 어디에 닿고 싶어서 생명을 지니고 흐르고 있을까? 그 회답을 인용한 구절들은 가르쳐준다. "씨앗이 되어", "여무"는 것, "상처를 껴안으며" 사는 것, "영원의 노래"가 되는 것, "물방울"들이 "승천"하는 것이다. 여러 갈래의 대답처럼 보이지만 포괄적으로 얘기하면 영원한 생명을 얻는 것이다. 삶과 죽음 혹은 빛과 어둠 속에서 삶을 객관화해서 다시 바라볼 수 있게 된 이 시인의 시조들은 영원을 꿈꾼다. 그 꿈은 물방울 혹은 물의 꿈인 동시에 그의 피의 꿈이요, 시인 자신의 삶이다. 육신이 어찌 영원을 꿈꿀 수 있을까. 육신의 영원함이 어찌 꿈이 될 수 있을까. 시인에겐 영원히 지워지지 않을 한 편의 시를 꿈꾸는 것만큼 절실한 꿈이 또 있을까. 그의 시조들은 젖은 목소리로 단호하게 말한다.

LEE YU GEL
ESSAY

II

아름답고 쓸쓸한 회상의 노래들

– 김용복 시집『겨울 소나타』

1.

어느 늦가을 오후 등의자에 앉아 저무는 하늘의 주홍빛 노을을 바라보며 세월의 빠름을 새삼 느끼고 아쉬웠던 과거를 잠시나마 회상해본 적이 있는 독자라면 이 시집은 그런 생의 의미를 되짚어보게 하는 의미 있는 선물이 될 것이라 생각한다.

김용복 시인은 팔순에 접어들었다. 그의 삶은 소박하고 정갈했으며 그의 언어들은 담백하고 정제되어 있어서 여기 실린 노래들은 고요하고 깊고 아름답다. 그의 생애가 언론인으로 일관한 것에 비해서 이 시집에 실린 작품들은 너무나 다른 인상을 준다. 시어를 찾기 어려워 시를 많이 못썼고 문단추천 절차마저도 스스로 찾지 않았다고 하는 시인의 자세는 이 작품들의 순백하고 깊고 아름다운 품격 때문에 한결 고결한 개성으로 다가온다.

우리의 삶은 어떤 것인가, 생은 어떻게 살아야 하는가, 우리 생에서 어떤 것들이 우리를 아프게 하고 그립게 하는가. 이 시집의 작품들은 이런 질문들에 대한 답변으로 쓰인 시들은 아니다. 그러나 우리에게 문득 이런 질문을 던지면서 때로는 은유적인 답변을 조심스레 보여준다.

2.

부부간의 생활을 다룬 작품으로 「해로偕老」가 있다.

당신은 난시
나는 원시
뜰에 핀 꽃을 보는데도
초점이 달랐다

당신 오지랖의 단추는 왼쪽
나는 바른쪽
가슴을 파고드는 바람을 막는데도
쓰는 손이 달랐다.

해가 져 마주 앉으면
달라서 생긴 틈새
눈썹 밑이 흐려도
삶이 무거워 잠이 먼저 들었다

달라서 다른 것을
알게 해주는 세월……

틈새를 메운
이끼 같은 정

갈대머리 마주 앉아
창밖을 보면
부질없이 지나가는
떨어진 잎새들.

—「해로偕老」 전문

이 작품을 읽으면서 가지게 되는 느낌은 다양할 것이다. 먼저 새로운 시각을 발견하기 어렵다고 보는 독자가 있을 것이다. 그러나 우리가 익히 알고 있는 부부간의 모습을 이렇게 읽히게 그릴 수 있는 능력에 대해 감동하는 독자도 있을 것이다. 평범한 시상을 시화詩化해서 성공할 수 있는 방법은 두 가지다. 시각의 새로움이나 수사의 뛰어남 이 두 가지 능력으로 읽을 만한 작품을 만들 수밖에 없다. 「해로偕老」는 제재 그 자체가 평범하다. 그리고 이런 종류의 작품으로 성공한 시들이 더러 있다. 그러나 우리 인생에서 부부생활만큼 중요한 일이 어디 있겠는가. 그래서 꼭 한번은 써보고 싶어진다. 다만 성공적인 작품을 만들기가 어려워서 머뭇거릴 뿐이다. 그런 제재로 차이의 발견과 그 틈의 이해라는 관점에서 읽히는 시를 만들어 내어 놓았다. "난시"와 "원시" "왼쪽"과 "바른쪽" "이끼 같은 정", 적확한 비유와 묘사들이 몇 번을 읽어도 지루하지 않게 이해와 관용 그리고 사랑의 분위기를 만들어 낸다.

생의 여수旅愁를 담담히 그리고 있는 작품으로 「강가에서」가 있다.

강물이 흐르는 것이 아니라
내가 흐르고 있었다.

어느 기슭에
지금 나는 서 있는가

길대는 길대끼리 부비며 살고
질경이는 질경이끼리 보살피며 사는
이 강가에

누구와 부딪히며, 기대며
나는 왔는가.

생각하면
가슴에 얼비치는 햇무리 같은 것
한번쯤 소리 내어 부르고 싶은 이름도 있지.

나는 갈대이던가
질경이 풀이던가
엎디어 몸을 잠근 조약돌이던가

산그늘 짙어가는
강가에서
어딘가로 흘러가는 나를 본다

—「강가에서」 전문

회고의 정서, 관조의 태도로 그려진 가작이다. 물은 정화의 이미지, 생산의 이미지, 유랑의 이미지, 질서의 이미지 등 다양한 색깔을 담고 있다. 이 '물'에서 다시 '강물'이 되면 농경사회 속에서 유년을 보낸 노년의 독자에겐 포근한 고향의 이미지를 환기시켜 준다. 그러면서 이 작품에서는 오히려 유랑의 이미지를 띄고 있는 듯도 하다. 강가에 사는 갈대나 질경이나 혹은 조약돌로 때로는 부딪히기도 하고 또 때로는 기대기도 하는 삶속에서 따스한 이름들이 떠오르기도 하는 것이다. 세상이 끝날 때까지 우리 삶은 강물이 흐르는 것처럼 어디론가 흘러갈 것이다. 한 생을 반추하고 추억하고 또 때로는 성찰하게 되는 노시인의 모습이 "있는가" "왔는가" "이던가"와 같은 종결어미가 빚어내는 유려한 리듬감과 함께 아름답게 그려져 있다.

운문성의 극대화와 절제의 아름다움을 효과적으로 보여주는 작품으로 「겨울 소나타」가 있다.

여린 잎에
단풍이 먼저 드네

마음이 여린
너는
어떤 빛깔로 졌나.

떨어진 잎은
바람이 쓸어 가네

빈 언덕에
혼자 남아 서 있는 나무

시린 가지에
내리는 서리

—「겨울 소나타」 전문

가곡의 작곡을 위해 의도적으로 쓴 시 같다. 쓸쓸한 존재의 심연을 들여다보는 시인의 모습은 견자의 모습이다. 그리고 이 작품을 이루고 있는 언어들은 운문성을 살리면서도 극히 절제된 모습이다. 이런 시를 읽으면 다변스럽고 혼돈에 빠진 최근 젊은 시인들의 작품들이 자꾸 오버랩 된다. 비어있는 듯 한 작품인데 만상이 가득한 전통 서정시의 묘미를 보여준다.

이별의 정조를 아름답게 그린 작품으로 「바람」이 있다.

네가 떠나간
그 자리에
처음 바람을 보았다

네가 앉았던 아랫목
너의 분홍치마가 걸려있던 옷걸이에서
나를 흔들고 일어나는
바람을……

때로는 세상을 다 비우고
때로는 세상의 의미를 다 지우는
그 바람은

회오리 같은 그리움이 되었다가
허허한 쓸쓸함이 되기도 하고
가이없는 슬픔이 되기도 한다

네가 남기고 간

그 바람은

내 발자국 소리에서도 일어나고

창가의 달빛에서도 일어난다

–「바람」 전문

바람의 변주곡이다. 그러나 그 바람의 정조는 오로지 이별이다. 이 세상 어느 곳에서도 "네"가 없는 "그리움"으로 "쓸쓸함"으로 "가이없는 슬픔으로" "바람"은 분다. 이별을 주제로 한 시를 이만큼 절절하고 처연하고 아름답게 써내기란 쉽지 않다. 앞서 논한 「바람」과는 또 다르게 사랑의 정조를 시화한 심도 있는 작품이 있다.

너에게만 하고 싶은 말

오직 너에게만 주고 싶은

하나 밖에 없는 말

혼자서 가슴에 닿아

되뇌다가 망설이며 태우다가

쏟고 싶은 말

때로는 붉은 다알리아처럼

때로는 세상의 향기를 다 쓸어 담고

때로는 저녁노을처럼 하염없기도 한말,

언젠가

세상을 가득 채워

충만한 것으로

너에게 주고 싶은 말

끝내는 내가 받고 싶은 말

받고서 불꽃이 되고 싶은 말

—「꽃」 전문

말의 철학이 담겨있는 작품이다. 인식론을 바탕으로 살펴보면 이 시는 격조 높은 연애시다. 또 다르게는 작자의 시론이다. 연애시로 읽을 때는 꽃은 애인이 되지만 시론으로 읽을 때「꽃」은 시가 될 수 있다. 이런 작품들을 살펴보면 모더니즘의 세례를 받은 시인의 안목을 발견할 수 있고 사실상 익명의 아마추어 시인으로 살아왔지만 얼마나 끊임없이 좋은 시 쓰기에 정진해왔는가를 짐작할 수 있다. 현실에 대해 직접 발언한 듯 한 작품으로는「일기」가 있다.

섬으로 살고 싶어

섬에 왔는데

먼저 와 맞이하는

살아온 편린

파도는

떠나라고 아우성 치고

애가 단 동백은

송이채 진다

섬에도

섬은

없는가 보다

—「일기」 전문

제목으로 「섬에 왔는데」라고 하지 않고 왜 「일기」라고 했을까? 그 의문이 이 시를 이해하는 중요한 열쇠다. 여기서 섬은 꼭 섬이 아니라도 좋다. 이 세상 어디에도 편안히 안겨질 곳이면 그 곳이 섬이기 때문이다. 그러나 이제 우리는 그런 섬을 가질 수 없게 되었고 그것이 일상적인 일이라고 제목 「일기」는 말해준다. 관계로부터 자유로워지고 싶은 현대인에게 정보와 교통, 기술의 발달은 그런 고요한 장소를 허락하지 않는다. 오늘을 사는 우리 모두의 불행이다.

3.

생을 어떻게 영위하느냐 하는 문제는 비교의 대상도 아니고 평가의 대상도 아닌 오로지 그 사람의 철학에 기인하는 영역이다. 그래서 이 세상에는 천 가지 만 가지의 삶이 있고 또 그 숫자만큼의 행복과 불행이 있을 수 있다. 시인으로 사는 사람의 경우도 마찬가지다. 유명세와 관계없이 홀로 내실을 다지며 자족하는 사람도 있고 이름에 급급해서 온갖 수단 방법으로 능력보다 더 높은 명예를 얻으려고 몸부림치는 사람도 있다. 김용복 시인은 전자의 삶을 살아온 시인이라 할 수 있다.

이제 김용복 시인의 개성을 몇 가지 항목으로 간추려 본다면 다음과 같이 얘기하고 싶다.

첫 번째로 앞 서 읽어 본 시가 공통적으로 보여주는 바와 같이 읽히는 시를 쓴다는 사실이다. 그런 관점에서 그의 시들은 비교적 쉬운 시라고 할 수 있다. 여기서 쉬운 시라는 표현은 담백하고 맑고 가독성 있는 시라는 의미일 뿐 가벼운 시라는 의미는 결코 아니다. 두 번째로 들 수 있는 것은 비교적 정적인 분위기의 시를 쓴다는 사실이다. 그의 생은 저널리스트로서의 삶이었다. 그런 삶을 살아온 시인의 시는 길고 현실 비판적이며 자신의 주장이 분명한 경우가 많다. 일상의 일이 그런 영향을 준다. 그런데 김 시인의 시들은 의외로 군더더기가 없고 단아하다. 그래서 여운이 길고 깊다. 대사회 메시지가 강한 우리 시단 풍토에서 순수서정시를 지향하는 그의 그런 시작태도는 인상적이다. 세 번째로 그는 쓸쓸하고 허무주의적 여운이 감도는 시를 쓴다. 그의 대표작이라 할 수 있는 시들 중 대부분이 이런 시들이다. 가령 앞 서 인용했던 「겨울 소나타」나 「강가에서」에서도 그런 분위기를 확인할 수 있다. 그런 분위기가 시적 정취를 고조시켜 독자를 끄는 마력이 되고 있다. 허무주의

(nihilism)란 무無(nihil)만이 존재한다는 인식이다. 허무라는 인식은 자신이 인식하고 추구해온 가치들이 더 이상 자신의 삶과 일치될 수 없음을 깨달았을 때 찾아온다. 이러한 의식이 존재방식의 쇄신을 동반한다. 이 시인의 경우 그런 계기를 마련할 만큼 치열한 경우는 아니다.

네 번째는 과거지향의 시가 대부분이라는 사실이다. 팔순을 지나고 있는 노시인에게 이러한 경향은 자연스런 것이다. 그런 분위기를 잘 표현해낸 「가을풍경」은 그의 시적개성을 드러내는 아름다운 작품이다.

가을이 지나가고 있습니다

가꾸었던 것들을
거두어 가고 있습니다

금관악기의 맑은 소리가
빈자리를
메워가고 있습니다

키 큰 미루나무 하나
초병으로 서 있습니다

쭉정이 같은

남자 하나
거두어 가지 않는 이삭으로
남아

스산한 바람 속을
서성대고 있습니다

―「가을풍경」 전문

아름답고 쓸쓸한 풍경이다. 노시인은 자신의 자화상을 담백한 언어로 이렇게 스케치해놓고 있다. 일종의 노년시라고 할 수도 있다. 한국사회는 2000년대에 이르러 65세 이상의 인구 비중이 전체 인구의 7%를 넘어서는 고령화 사회로 진입하였다. 2026년이면 한국사회의 노인인구가 전체인구의 20%를 넘어서는 초고령화 사회로 진입할 것이라고 한다. 그러나 이 작품은 물론 노인성문학의 범주에서 분석해볼 수 있겠지만 그런 의식 없이 바라봐도 서정시로서 많은 여운을 담고 있는 아름다운 시다.

마지막으로 김용복 시인의 개성을 하나 더 든다면 운문적인 시를 쓴다는 것이다. 이 덕목은 경우에 따라 부질없는 열거라고 할 수도 있다. 시는 운문이라는 기존 관념 때문이다. 그러나 산문시가 많이 창작된다는 사실도 사실이지만 운문시라고 쓰인 시들도 리듬을 도외시하는 경향이 요즘의 추세다. 그러나 우리가 아는 명시들은 명징하고 여운이 있고 율감律感이 있는 시들이다. 김 시인의 시들은 어느 작품이라도 쉽게 외울 수 있을 만큼 리듬이 살아있다.

이 시집이 김용복 시인에겐 첫 시집이다. 창작연대가 쓰이지 않은 작품들이라 작자의 연령에 따른 변화나 시대에 관한 반응을 분석하지 못했다. 그런 반응을 필요로 하지 않을 만큼 순수하고 모범적인 서정시를 써 온 분이다. 결국 이 모든 시들은 김 시인이 남겨놓고 싶은 인생에 대한 그의 시적해석이라 할 수 있다. 이런 쉽고 정갈하고 아름다운 모국어의 잔치 앞에서 해설은 부질없는 관행일 뿐이다.

많은 독자들에게 일독을 권하며 아울러 김 시인의 건강과 문운을 빈다.

어둠에 대한 통찰

– 신춘희 시조집『늙은 제철소』

1.

문기文氣라는 것이 있다. 문장의 기세라는 뜻이다. 나는 이 말을 곧잘 물에 비겨서 상상하곤 한다. 가령 바로 떨어지는 폭포수 같은 힘을 가진 물, 햇살을 받아 윤슬이 된 물, 호수처럼 원을 그리며 살필수록 그윽해지는 물, 또는 바닥을 보여주며 흐르는 개구쟁이 같은 물이 있다. 이런 다양한 현상을 시에서는 시풍이라고 할 수 있지 않을까. 좋은 시는 독자와 만날 때 자신의 매력을 극적으로 보여주고 독자는 그 극적인 감동과 만나며 행복에 젖는다. 감동의 파고가 높은 경우 전율을 느끼기까지 한다. 그리고 좋은 시를 확인하는데 필요한 시간은 그리 길지 않아도 된다. 두 세 편만 읽어보아도 알 수 있기 때문이다. 나는 십여 년 전에 그런 신춘희 시인의 시를 만난 적이 있다. 그는 폭포수 같은 문기文氣를 보여주는 시인이다.

운문시대 해설을 하면서 바로 그런 경험을 했기 때문이다. 그러나 이번 시조집의 경우 그때 보다 훨씬 많고 다양한 작품이어서 형언할 수 없는 울림을 받고 느낄 수 있었다. 그런 그의 시학을 설명하는 것이 부질없는 췌사 같기도 하고 또 내 능력 밖의 작업이 아닌가 하는 생각을 하면서 두렵고 행복한 마음으로 이 글을 쓴다.

2.

신춘희 시조시학을 순례하기는 다음 작품부터 읽을 필요가 있다.

이 따스함, 이것은
신의 심장인가

가이없는 죽음도
깃들어 있어서

우주의, 혈관을 쥔 것 같다
신성하다
숨소리

—「달걀」 전문

금방 낳은 달걀을 보며 이 작품은 무엇을 그리려고 했는가. 생명의 신성함, 보호본능이 느껴지는 연약함, 우주의 숨소리까지 들릴 듯한 깨끗하고 따스한 생명의 근원에 대한 경탄이다. 이런 감정들을 세련되게 노래한 이 작품은 어떤 기성시단의 클리쉐로부터 벗어난 놀라운 표현의 산물이다. 아울러 이 작품은 단시조로 되어있다. 단시조는 시조의 본가다. 그러나 짧아서 쉽게 쓸 수 있다는 선입감은 착각이다. 너무 구조가 평이하면 맛이 없고, 너무 의도성이 강하면 자연스럽지 않아진다. 또 메시지가 없으면 왜 썼을까 싶어지기도 한다. 그래서 사람들은 단시조가 어렵다고 한다. 신 시인은 그것을 알기에 그의 능력을 단시조에서 먼저 보였다. 교과서처럼 반듯하다. 작품 「달걀」은 따라서 신춘희 시조의 출발이고 그의 크레디트카드다.

그의 시조세계의 세목들을 일별하기 위해 다음 작품으로 눈을 옮겨보자.

이미 오래 전에 문을 닫은 제철소
그러나 죽지 않았다 시뻘겋게 살아있다
녹으로 꽃을 피우며 초록을 압도한다

초록을 압도한다
녹슨 파이프 사이
노동자의 힘줄 같은 건강한 풀꽃들이
퇴적된 식물 잔해를 뿌리로 품고 있다

따지고 보면 철 또한 자연의 일부이다
산업을 이끌면서 문명에 흡수되며
상처의 붉은 내력을 흙으로 전송한다 —「늙은 제철소」 전문

불멸에 들기 위해 플라스틱을 먹었다
그 플라스틱이 몸을 먹는 줄도 모르고
죽어도 눈 감을 수 없는
불편한 저 진실

영혼이 곁에서 사체를 지키고 있지만
그것은 새가 아니라 플라스틱 잔해다
시간이 흘러갈수록
부활하는 쓰레기

―「알바트로스의 죽음」 전문

앞에 인용한 두 편은 인간이 저지른 환경파괴 행위에 대한 고발장 같은 작품이다. 먼저 「늙은 제철소」부터 살펴보자. 이 시조에는 조춘민 사진집이 부제로 붙어있다. 그 사진집은 '산업의 자연사'라는 이름이 붙은 생태환경과 관련된 사진집인 듯하다. 내용은 제철소는 이미 문을 닫았고 남은 폐기물은 그대로 남아서 녹이 시뻘겋게 살아서 초록의 야생풀과 뒤엉키어 있는 모습을 그리고 있다. 「알바트로스의 죽음」은 국제보호조 알바트로스가 2년에 알 하나를 낳아 부화하여 새끼를 키우는 큰 새인데 바다에 흘리드는 플라스틱을 먹이로 알고 새끼에게 주어 결국 새끼를 죽이는 사실을 통해 환경공해의 심각성을 담아내고 있는 시조다.

어느 감독의 도움으로 다큐멘터리 영화로 제작되어 우리나라에서도 상영되어 환경공해의 폐해가 얼마나 심각한지에 대해 경종을

울린 바 있다. 그러나 아직 시조시단에서 이런 소재로 작품을 발표한 시인은 없었다. 이 두 작품은 현실의 문제를 다루면서도 긴장감을 자아내는 탄력있는 표현에 힘입어 시조의 미학적 묘미와 소재 확장에 기여하고 있다. '상처의 붉은 내력을 흙으로 전송한다'나 '불멸에 들기 위해 플라스틱을 먹었다' 같은 절구들이 메시지를 미학적인 영역에 도달하게 하기 때문이다.

리얼리즘적 시각으로 구성된 다음 두 편을 주목할 필요가 있다.

태생의 쪽지 한 장도 남기지 않은 채
그렇게 버려져 입양기관으로 옮겨졌다
미국의 백인 가정이 나를 잠시 품었다

그래도 대한민국, 모국이라 부르면서
지금은 네바다에서 불법 체류자로 살고 있다
지쳐도 안식은 없다, 시민권이 없어서

한국어도 못하고 영어도 서툰 인생
뿌리를 찾아왔으나 당혹만 깊어졌다
한국은 나에게 무엇인가
그 누가, 답해다오

—「슬픈 리얼리즘」 전문

내 몸은 성채다 10대부터 지금까지

건설 현장을 30년 이상 떠돌았다
허기는 떠나지 않았다, 몸에 기숙하면서

마흔 가까이 되어서 결혼은 포기했다
한 평 고시원 기초생활 수급자로
신문지 종이 밥상의 극빈을 사랑했다

이제는 가난이 질척여도 어쩔 수 없다
부모가 물려준 애틋한 유품 같아서
반려로 곁에 두고서 그의 생을 챙긴다

–「김씨의 비망록」 전문

두 편 모두 기구한 개인의 삶을 자서전적으로 그려내어 우리 시대 삶의 고통과 수난을 환기 시켜주고 있다. 「슬픈 리얼리즘」은 '어느 입양자의 노래'란 부제를 달아놓았다. 사실 이 부제는 안 달아도 좋을 것 같다. 작품 안에 다 담겨져 있기 때문이다. 정체성 없이 떠도는 이런 입양자의 고통은 이 땅에 살고 있는 우리들에게도 책임을 느끼게 하는 비극의 하나다. 「김씨의 비망록」의 경우도 흔히 신문이나 TV에서 자주 접하는 기사 같지만 경제 대국 대한민국이 고민하고 살펴야할 아픈 과제들이다.

신 시인은 이런 소재들을 가감 없이 사실적으로 노래한다. 그러면서도 산문이 아니라 시가 되게 하는 시문장의 마력을 잘 살리고 있다. 이런 경향의 시가 감동을 얻기 위해 가장 중요한 것은 과장이 없어야 하고 표현이 절제되어 있어야 한다. 사실과 다르게 극화시킨 경우나 너무 수사가 다변스런 경우 오히려 역효과를 가져온다. 그런 면에서 인용한 작품들은 성공하고 있다.

현실을 드러내고 폭로하며 당대를 사는 우리 스스로에게 질문하는 작품들을 앞서 몇 편에서 보았지만 현대성에 대한 깊은 고뇌도 이 시조집 곳곳에서 보여주려고 노력하고 있다.

그대는 지금 무엇을 보고 있나
창문, 화병, 커튼, 그리고 베란다
사각의 방을 꽉 채운 불안을 보고 있지

서늘하고 외롭고 쓸쓸할 텐데
거실은 믿지마, 풍요 속의 빈곤이야
숨죽인 사물들 속에 불화가 잠복해 있어

이따금 우울이 감정을 충동하지만
의자의 여자는 박제된 소품 같아
고립의 보색 대비가 부고처럼 슬프군

–「브루클린의 방」 전문

나의 마지막을 처음처럼 살고 싶었다
가는 종소리처럼 오는 메아리처럼
적막에 깃들어 사는 숨결이고 싶었다

아니면 꽃잎에 스미는 이슬이거나
이슬에 스미는 초가을 햇살이거나
햇살에 스며서 노는 아이이고 싶었다
스미는 것은 얼마나 아름다운 안착인가
모태를 향해서 달려가는 본능이여
울컥이 너무 깊어서 나는 지금 늪이다

—「아름다운 안착」 전문

고독한 현대인의 모습을 노래하고 있다. 작품「브루클린의 방」은 에드워드 호퍼의 그림 제목이다. 그래서 '에드워드 호퍼의 그림 앞에서'라는 부제를 붙여놓았다. 에드워드 호퍼는 신사실주의 미술에 영향을 끼친 20세기 미국의 거장 화가라고 할 수 있다. 그리고 「밤샘하는 사람들」이나「아침의 태양」 등을 그리며 도시민의 고독이니 우울을 표현하곤 했다. 이 시조는 그가 제목으로 내세운 그림을 세밀하게 해석하고 있다. 초라하지 않은 방의 풍경이지만 여자는 뒷모습만 보이고 창의 푸른색은 어쩐지 갇혀있는 듯하고 분위기는 축 늘어져 있다. 어쩌면 어떤 물질적 조건 속에서도 인간이 인간으로 살아갈 자유가 확보되지 않는 한 인간의 세상은 사막과 같다는 의미일 것이다. 그런 의미를 시화시켜 놓았다. 특히 "고립의 보색 대비가 부고처럼 슬프"다는 구절은 절창으로 읽혀진다.

고독을 느낀다거나 우울하다는 것은 한 개인의 마음이 풍선처럼 떠 있다는 것이다. 그런 상태에서 '안착'은 아름다운 이상일 것이다. 「아름다운 안착」이란 그런 상태를 희구하는 시인의 꿈의 노래일 것이다. 안착이란 스미는 것이다. 자연스럽게 친화의 분위기를 만들 수 있을 때 가능한 상태인 것이다. 차라리 원초적인 상태로 돌아가고 싶은 퍼스나의 "모태를 향해 달려가는 본능"은 현재가 얼마나 깊은 늪인가를 증명해 주는 표현이다. 이런 오늘의 상태를 노래하는 이 시인의 작품들이 호소력을 가질 수 있는 원동력이 진정성 있는 현실 묘사에 기인하는 것이라고 할 수 있지만 이런 메시지를 시로 읽히게 하는 데는 서정성이 더 큰 역할을 하고 있다고 말할 수 있다.

후배 아버지가 심었다는 오동나무
가을이면 운다, 가야금 소리로
소리가 너무 맑아서 미물들 잠들 수 없다

죽음을 탄주하듯이 유서를 쓰듯이

손바닥 눈물을 뚝, 뚝, 떨군다

폐교된 서사 초등학교
고령의 오동나무

–「주석註釋」 전문

조금 더 가보자, 저기 저 하늘 길
호기심이 자꾸만 위험을 자극한다

가다가 여의치 않으면 돌아서 내려오자

날아오르는 학습에는 긴장이 에너지지만
꿈꾸지 못하면 이미 죽은 목숨이다
급할 일 조금도 없다
쉬다가 또, 갈거니까

―「등나무」 전문

두 편 다 서정성이 뛰어난 작품이다. 물론 서정성만 뛰어난 것은 아니다. 이 시인은 어느 시편에서도 자신의 인생철학을 강고한 톤으로 넣어서 독자를 압도하곤 한다. 우선, 「주석註釋」을 보자. 일반적으로 오동나무를 노래할 때의 연상되는 뻔 한 상상과 다르다. 퇴락한 농촌과 닫힌 초등학교, 이별의 감정을 고조시키는 가을, 잎이 넓은 오동나무의 소리 그리고 유서루 이어져서 비가의 극에 달해 있다. 그런데 왜 과장으로 느껴지지 않고 공감을 느끼는가? 거짓 아닌 현실이기 때문이다. 이런 이미지의 고향을 한국 사람들 대부분이 가지고 있기 때문이다. 이러한 그림을 슬픔의 음계에 닿게 하는 섬세한 관찰과 묘사가 우리의 마음을 흔들기 때문이다. 바로 이 시인이 연주해내는 시정성의 비탕이 이것이다. 그리고 제목만 보더라도 얼마나 의외의 발상인가. 무심한 듯 던져놓은 이 하나의 트릭이 신 시인의 수준이다.

「등나무」로 눈을 돌려도 마찬가지다. 끊임없이 기어오르는 등나무가 우리 삶의 가파름과 꿈을 생각하게 한다. 이 작은 한편의 시조는 읽는 이의 생을 성찰하게 하는 울림을 가지고 있다. 그리고 표현에 어떤 과격함도 없다. 등나무는 그 등나무에서 나 자신이거나 내가 믿는 이웃이거나 그 어떤 인생으로 확대된다. 시란 그런 것이다. 생각을 길어 올리는 샘물이 시인 것이다. 이런 시조에서 서정성이 제 몫을 하지 못하면 설명이거나 교훈이란 어처구니없는 넋두리로 전락하고 말 것이다.

신춘희 시인이 리얼리즘적 안목으로 시를 쓴다고 해서 모든 현장을 기록하고 그 기록을 시로 전환하는 시인은 아니다. 그는 끊임없이 실험한다. 그 증거로 몇 편을 들고 싶다.

워매, 아줌씨 뭔 머리가 요란테요
복자네 미장원서 폭탄 한방 맞았다
튀겨도 제대로 튀겼네
참말로, 예술이제?

–「파마」 전문

당을 위해서 하남, 국민을 위해서 하지
증오의 정치 땜시 나라가 거덜날 판이여
정치판, 희망 없어야 죄다 말짱 꽝이제

국회의원 300명 중에 눈에 씻고 찾아봐
뼈 속 까지 불량품이지 진품은 없어야
총선 때 반품 하자고, 죽어봐야 저승을 알제

–「정치」 전문

나를 울컥하게 한 것은 삼양라면이 아니야
봉지에 든 튀긴 면과 수프가 아니야
혀 끝을 밀면서 오는 알싸한 그리움이야

옥탑 방 골방에서 청춘들이 둘러 앉아
후루룩 후루룩
허기를 물리치던 맛

아, 씨팔, 왜 자꾸 눈물이 나나
그 향수, 그 뒤끝

–「라면」 전문

활자를 눈으로 만나는 시간,
문장을 혀로서 굴리는 시간,
종이를 손 끝으로부터 느끼는 시간

갈피의 사각거림을 귀로 듣는 시간,
향기의 부서짐을 코로 숨쉬는 시간,
오감에 소름이 돋아 뇌를 자극하는 시간

마음과 몸이 벙그는 매 순간에
궁금은, 재미를 끝없이 확장하고
깨우친 지혜 하나를 겸허하게 품는다

–「독서」 전문

「파마」에서는 민초들의 소박한 유머를 인용한 사투리로 한편의 작품을 완성하고 있다는 점에서, 「정치」에서는 사투리의 활용과 정치라는 날 것의 소재를 직접 시조에 도입하고 있는 점에서, 「라면」에서는 비속어를 작품에 불편하지 않게 잘 활용하고 있다는 점에서, 「독서」에서는 형식의 활용면에서 새로운 도전을 하고 있다는 점에서 인용해 본 것이다. 그는 쉬지 않고 고민하면서 어떤 금기와도 싸우면서 현대문학으로서 시조의 영역을 넓히는 데 골몰하고 있다. 이러한 실험정신이야 말로 시조시단을 살아있는 문학의 장임을 증명하는 의미 있는 노력이 아닐 수 없다.

3.

이제 나는 신춘희 시인의 시조집 읽기를 그치고 정리하려 한다. 앞서 말한 바와 같이 몇 편의 시를 읽으면 그 시인의 역량을 금방 알 수 있기 때문에 나의 이런 글이 그의 시조를 소개하는 데 별 도움을 줄 수 없으리라 생각한다. 그럼에도 불구하고 그가 우리 시조시단의 소중한 시재임을 거듭 강조하고 싶다. 소재나 주제면에서, 시조를 창작하는 태도면에서, 기법면에서, 그리고 시정신 면에서 그는 훌륭한 시인이다. 얼른 읽어보면 그가 기층민중의 정서를 대변하는 듯하지만 그는 어느 계급에 국한된 시를 쓰지 않는다. 다만 빛보다는 어둠의 편에 더 애정을 가지고 있다는 것은 사실이다. 그는 리얼리스트라고 보이지만 표현면에서는 대단히 모던하다. 그는 정해진 틀 안에서 문학을 하지 않았기 때문에 가장 효과적인 시조 미학을 창조해낼 수 있는 시인이다. 신춘문예에서 시와 시조와 동시 당선의 경력이 있는 것만 보아도 운문미학에 대한 오랜 공정을 짐작할 수 있다. 그의 그런 재능이 이번 시조집 출간을 계기로 해서 널리 알려지고 그에 상응하는 독자의 호응을 받아 창작에 큰 격려가 되었으면 한다.

사회적 발언으로서의 시조 미학

– 이남순 시조집 『봄은 평등한가』

1.

시조가 언제나 담아야 할 내용 중에 가장 중요한 것은 시대성이다. 그러나 모든 시조가 시대성만 담고 있고 담아야 하는 것은 아니다. 조동일이 고시조 분석을 하면서 분류한 '인정과 세태'라는 2분법은 그것을 잘 말해준다. 즉 시조는 인정을 담거나 세태를 담는 장르라는 것이다. 여기서 인정은 서정성을, 세태는 시대성을 말하는 것임은 재론할 필요가 없다. 그러나 이 이분법은 편의상의 분류이다. 왜냐하면 인정이나 세태만 담고 있는 작품이 있을 수 있지만 대체로 인정과 세태를 함께 담고 있는 것이 대부분의 경우이기 때문이다. 바꾸어 얘기하면 시대성과 서정성을 동시에 담고 있는 것이 대부분이고 그런 작품이 독자들의 환영을 받고 또 문학성도 높은 경우가 많다. 아직도 시조에 식견이 없는 강단 비평가들은 현대시조가 현실과 거리가 멀다거나 음풍농월 운운하는 무식을 드러내지만 실제 시조시단의 내부를 잘 살펴온 사람들은 오히려 지나치게 시대를 얘기한다고 할 만큼 오늘의 시조는 이 분야에 민감하게 반응하고 있다. 특히 이남순은 우리 시조시단이 보유한 시조집 중 가장 다양한 우리의 생활 현장을 소재로 한 작품을 이번 시조집에서 의욕적으로 보여준다. 소재의 확대만으로는 모험의 가치를 논하기는 어렵다. 그 시대성이 서정적 표현과 잘 어우러져 깊은 울림을 가지게 될 때 우리는 현대시로서 그 시조의 가치를 논할 이유를 갖게 되고 그런 작품을 주목하게 된다.

시대성에 적극적으로 개입한다는 것은 사회적 발언을 적극적으로 한다는 얘기다. 문학도 사회 속에서 만들어지는 예술이고 그 사회의 발전을 열망하는 사람들의 표현인 만큼 직접적이건 간접적이건 발언하지 않을 수 없다. 릴케가 말한 "시란 체험"이라고 한 시에 관한 정의나 시란 "무엇은 사실이다 하고 단언하는 것이 아니라 그러한 사실을 우리로 하여금 좀 더 리얼하게 느끼도록 해주는 것이다."라고 한 엘리엇의 얘기들은 시가 사회적 산물인 동시에 무언가를 간접적으로 발언함으로써 독자를 자극한다는 사실을 알려준다.

외짝이 모로 누워 다디 민 신발 위로
바람결에 낙엽 몇 장 조문하듯 엎드린다

늦비에 시들어가는
국화꽃을 닮은 남자

아빠가 봄이 오면 선물 들고 가겠노라
간밤에 어린 딸과 철통같이 했을 약속

달력에 빗금 그으며
일당을 적던 남자

창 없는 쪽방에서 새우잠을 자면서도
한 푼이 아쉬워서 등졌을 고향 하늘

공사판 국밥 그릇도
다 채우지 못한 남자

—「고시원을 아시나요」 전문

이 작품에서 독해를 위한 중요한 정보는 "외짝" "타다 만" "조문" "시들어가는/국화꽃"이다. 화재 사고로 타계한 노동자, 그리고 중년을 넘어선 남자라는 것, 돈을 아끼려고 고시원에서 머물고 있는 일용직이라는 사실 등을 유추해낼 수 있다. 그리고 이 비극을 더욱 강화시키고 있는 '딸과의 통화'나 "창 없는 쪽방" "공사판 국밥 그릇도/다 채우지 못한 남자" 등의 절묘한 수귀들이 독자의 가슴을 파고든다. 이런 작품들이 흔히 시조가 작은 그릇이라서 관념적일 수밖에 없다거나 구체적인 일상을 세밀하게 표현해내기 어렵다는 주장이 얼마나 허구적인가를 증명해낸다. 우리 사회가 가진 허술한 안전망이나, 대책 없이 반복적으로 일어나는 여러 인명피해 사건들 중의 하나인 화재 사고를 극적으로 시화하여 각성을 촉구하고 있다.

타는 속 숨기느라 치장한 저 꽃 타래
가시 밥 돋은 손 끝 뭉툭한 매니큐어
등줄기 굽은 나비들 바지 가랑 붙잡네

구석자리 전을 편 듯 가방 푸는 연변 아짐
박카스 슬쩍 건네며 삐주룩 곁눈질에
흥정은 이미 끝난 듯 탑골 길이 저무네

짱짱한 대낮 걸음 어둑서니 건너는 건
꼬깃꼬깃 지폐 한 장 밥줄인 걸 어쩌겠나
이역 땅 뿌리를 내린 흑장미가 아니네

―「거망빛」 전문

독특하고 대담한 소재다. 성문제가 담론이 되고 있다. 한국사회에 뿌리내리지 못하고 떠도는 그래서 "흑장미"가 될 수밖에 없는 부평초 같은 사람들이 살기 위해 몸부림치다 만들어내는 사회문제를 이 작품은 고발하고 있다. 표현은 섬세하고 시조의 형식면에서도 빈틈이 없다.

쪽방촌 막다른 길 오후 해가 지나간다

독거노인 안부 묻는 이웃돕기 박스 하나
그 누가 안고 왔는지 온기 아직 남았네요

못 보고 사는 것쯤 이젠 제법 길났는데
찾아올 낌새 없던 내 자식 다녀간 양
황 노인 닫힌 가슴이 볕살 바라 열리네요

오래된 형광등에 불빛이 깜빡대듯
밭은 숨결 풀어가며 한 발짝씩 다가서는
여기도 봄이 오느라 바람 죽지 부푸네요

―「봄은 평등한가」 전문

노인 문제를 다루고 있다. 이미 노령화되고 있는 한국사회에서 독거노인의 고독한 생활 모습은 흔히 만나는 익숙한 풍경이다. 이 작품은 노인 문제를 담론화하는 여러 가지 질문을 품고 있다. 그것을 시조로 다 얘기할 순 없다. 그러나 그늘을 없애기 위해 우리 사회는 어떤 일을 해야 하고 국가는 어떤 도움을 주고 이들을 보살펴야 하고 자녀들은 어떤 자세로 부모를 모셔야 하는가 등의 질문을 우선 예상할 수 있다. 이 작품 외에도 「25일 오전 11시」 「가정의 달」 「겨울 아침」 등 노인 문제를 다루고 있는 중요작품들이 적지 않다.

중앙시장 골목 끝, 호떡집 리어카에

'손으로 말해주세요' 팔랑이는 글씨 아래
손님들 길게 늘어섰다. 그 줄 끝에 나도 섰다

하루 늦게 태어나서 자치동갑 사촌동생
어린 날 장티브스로 말 잃고 귀 닫은 채
간드락 간드락거리며 저리 용케 살아간다

때 없이 호통 치는 단속반 호각 소리
이제는 이력이 나 눈치껏 들고 나니
마차를 뒤흔든 바람도 슬그머니 웃고 간다

—「손으로 말해주세요」 전문

장애인의 힘든 삶을 그려놓고 있다. 언어장애가 있는 호떡장수다. 그러나 당당한 점포에서 하는 장사가 아니라 길거리에서 하는 장사다. 셋째 수 종장의 "마차를 뒤흔든 바람도 슬며시 웃고 간다"라는 표현을 통해 이 비극의 분위기를 약간 유머러스하게 만들고 있지만 그런 장치가 이 작품의 슬픔을 더욱 짙게 해준다.

낯 살짝 알았을까 세 몸에 흐르는 피
뽀얀 피부 마른 몸이 나를 꼭 닮았다는데
여태껏 만난 적도 없고 잊은 적도 없는 너

아들만이 간절해서 버려진 아버지의 딸

외가에서 낳고 자라 무심히 지은 이름
언제쯤 정에 겹도록 너를 불러 마주할까

이제는 언니들을 찾을까 찾아줄까
웅크린 쪽잠같이 오금 못 편 후실 자식
못한 말 못 부친 편지 꿈길에만 오갔겠지

까맣게 탄 한 시절이 얼마나 겨웠으면
지난봄 아배 부음도 끝내 등을 돌렸을까
호적지 맨 끝줄에 선
다섯 번째 여동생

―「외숙이」 전문

작자의 가정사를 시화한 작품이다. 딸만 오 남매를 낳은 아버지가 씨종자라도 하려고 외도하여 낳은 자식이 또 딸이어서 찾지도 않는다. 그래서 피를 나눈 자매간의 정도 나누지 못한 '외숙이'라는 이름의 이복동생을 오브제로 해서 남존여비 사상을 고발하는 작품이다. 이 시조집에는 그런 가정사의 편린들이 여기저기 보인다. 이제는 딸 선호 경향도 만만치 않아 시기적으로 임팩트가 있어 보이진 않지만 여성의 한을 그린 적지 않은 작품들이 보인다.

촛불 팀과 태극기 팀 줄다리기 팽팽하다 꽹과리 쇠북 치며 응원가 우렁차다

깃발들

껑충대는 꼴

덩덕개 날뛰듯이

끊어지면 끊어졌지 물러서지 않을 기세 바람벽에 머리 찧고 아수라장 따로 없다

본부석

대왕과 장군

보다 못해 호령한다

물러설 줄 알아야만 막판에 힘도 쓰지, 전법도 어명조차도 닿지 않는 고립지대

만국기

어디로 갔나

삐라 풍선 춤춘다

—「운동회」 전문

여야 정치인들의 집회 모습을 풍자한 작품이다. 화합하기보다 경쟁하는 것이 이 세계의 생리일 수 있다. 그러나 지나치게 대립해서 파행으로 끝나는 여러 일들이 눈에 많이 띈다. 국회의 공전이나 거리 시위 등 그 예는 헤아릴 수 없이 많다. 그런 모습을 질타하는

작품이라 여겨진다. 「잎샘추위」 「청문회」 「회기역」 등도 정치계와 관련된 작품들이다.

2.

두 번째 특징으로는 역사의식과 관련된 작품이 적지 않다는 점이다. 시인이 역사의식을 갖는다는 것은 중요하고 마땅한 미덕이다. 세계를 보는 안목에서도 그렇고 사물을 관찰하고 해석하는 태도를 위해서도 그렇다. 모든 역사는 현재의 역사라고 크로체는 말했다. 결국 어떤 역사도 현재적 의미와 관련해서 해석하기 때문이다.

> 잣나무도 발이 묶여 촉루로 선 그 발치에
> 제삿날 찾아오듯 유월이면 어김없이
> 애끓는 고향을 바라 멍울져 피어난 꽃
>
> 엉킨 채로 숨을 밷던 이편에서 저편까지
> 어린 이름 부르느라 삐꾸기는 목이 쉬고
> 하늘에 번지는 놀빛 그날처럼 타는 꽃
>
> 하나 둘 셀 수 없이 총부리에 고꾸라져
> 푸른 잎 무너지고 환청처럼 돋는 가시
> 죽어도 목숨은 살아 온 산천에 번지는 꽃
>
> —「지리산 엉겅퀴」 전문

지리산은 좌우익의 충돌이나 좌익의 저항지였다. 여기서 6월은 6·25를 말하는 것이다. 있어서는 안 되는 동족간의 피비린 싸움을 '엉겅퀴' 꽃에 담았다. 작자가 이 시조를 발표하는 이유는 어디에 있을까. 지금도 진행되고 있는 통일운동에 대해 가능하면 어떤 도로徒勞에도 불구하고 적극적으로 추진하자는 발언을 숨기고 있는 것이 아닐까. 우리 민족에겐 늘 가장 가슴 아픈 상처이며 이의 해결은 어떤 문제보다 중요한 민족의 숙원이 아닐 수 없다.

왜바람 맞서느라 금이 간 허리 안고
이리저리 채이다가 이 빠지고 살 터진 채
이름도 개명을 했다 꼼짝없이 '이도 다완'

선비들의 찻상에도 의젓하게 올라갔고
비가 새는 난달 부엌 흙바닥에 엎드려서
저 백민 간당한 목숨도 숨죽이며 지켜봤다

장독 위에 별을 띄워 정화수 받아놓고
퇴락한 왕조 앞에 그래도 살아보자고
어쩌다 비급한 목숨도 그링그링 달래었다

개밥그릇 냉가슴도 참을 말이 따로 있지
분에 넘친 대접하며 기고만장 해봤댔자
우리네 도공 품에서 주먹 쥐고 태어났다

—「막사발」 전문

일인들이 신기라고 하며 놀라워한다는 '막사발'은 우리나라 이름 없는 도공들이 만들었던 그릇이다. 이 그릇이 16세기 일본으로 건너가 차 그릇으로 사용되면서 인기를 구가하게 된다. 우리는 중국과 같이 이미 청자나 백자를 만든 선진국이었다. 이름을 보아도 막사발은 우리나라에선 크게 대접받지 못한 평범한 그릇이었다고 보고 있다. 이 그릇의 용도는 견해가 여러 가지지만 작자는 서민의 삶과 연결시켜 마치 진중한 한 편의 다큐멘터리처럼 선명하게 그려 우리의 그릇임을 증명하고 있다.

쑥 밀자
확 번지며
메시지가 날아왔다
남도의 산다화가
저리 붉게 피었다고
그 불길,
가슴 언저리 순식간에 붙는다

펼쳐 든 구호처럼
저항의 깃발처럼
섬 살이 가득한 울혈
터져버린 눈물보가
이 땅끝,
강정마을에 더운 피로 솟는다

오해와 이해 사이
배인 상처 없었을까
안개 포에 눈이 매워
흘려 쓴 혈서인 양
보아라,
제 몸의 화기로 겨울 하늘 불탄다

―「산다화 분서」 전문

강정마을은 해군기지 건설 문제로 오래 분쟁이 있었던 곳이다. 제주의 산다화 개화를 이 작품에서는 불만으로 터졌던 그 울음보라고 연상해낸다. 그리고 강정마을의 더운 피로 연상해낸다. 혈서로 연상해낸다. 그리고 제 몸의 화기로 연상해낸다. 이제는 정리된 문제지만 시인의 역사의식은 민의의 중요성을 강조하고자 하는 의도에서 이 작품을 썼다고 느껴진다. 사건을 바라보는 주체적 시각이 깃들어 있다. 시대에 대한 질문 다음으로 역사와 관련된 작품을 많이 보여주고 있을 뿐 아니라 작자의 시각이 선명하면서도 시적 미학을 지닌 읽히는 작품이 많다.

3.

이남순은 서정성을 지닌 고요하고 깊은 시조를 빚을 줄 아는 시인이다. 가령 다음과 같은 작품을 읽어보면 느낄 수 있다.

여든 해를 생각 속에 스며들어 사릉인가

그 흔한 무석도 없이 선잠 든 왕후 곁에

무던히

영월 쪽으로

고개 돌린 도래솔

—「사릉애가思陵哀歌」 전문

꼭 여민 옷고름을 죄 다 풀고 네게 간다

후회도 주저함도 이제 다 떨쳐두고

아찔한 낭떠러지도 단박에 부숴내리

물안개 피워놓고 갈대 꺾어 에두르고

목쉬도록 불러보다 끝내 혼절할지라도

물보라 무지개 피는 하늘로 길을 낸다

—「폭포」 전문

남양주에 있는 사릉은 단종의 부인 정순왕후의 무덤이다. 그리고 영월에는 단종의 무덤이 있다. 죽어서도 나란히 잠들지 못한 애잔한 풍경을 이 단시조에 담았다. 단시조는 그야말로 3장으로 끝을 맺는 짧은 시라서 종장의 묘미가 떨어지면 작품으로 읽히기 어렵다. 그러나 이 작품에선 비가의 극점이 될 만한 "무던히/영월 쪽으로/고개 돌린 도래솔"이라는 절창으로 길을 열어 독자를 감동케 한다. 폭포도 순정한 사랑의 노래다. 흔히 이런 제목으로 쓴 명시가 많아서 성공하기 어렵지만 여기서는 한 여인이 사랑하는 사람에게 자신의 전부를 걸고 사랑의 길을 과감하게 열어가는 모습으로 그려놓았다. 여기서 "하늘길"은 치솟아 오르는 물보라를 연상할 수 있지만 어떤 독자에겐 이승에서 현실적으로 장애가 생겨서 죽어서라도 함께한다는 의지의 표현으로 읽을 수 있는 지극한 연시다. 「세레나데」 「입춘 예감」 「가을 숲에서」 등 격조 있는 서정시를 이남순은 보여준다.

그러니 역시 이번 시조집에서 발견할 수 있는 가장 큰 특징은 현실비판에 있다. 그가 제기하는 어둠의 현장이나 대상은 놀라울 정도로 다양하다. 여러 약자들에 대한 대변, 이를테면 노인, 여성, 이동상인, 장애인, 몰락해가는 자영업자, 최저임금제로 몰락하는 음식점 경영자, 아르바이트생, 부친의 재산을 뺏고 이민 간 아들과 그 아버지, 성매매 풍경, 남존여비 풍조가 소외시킨 외손이, 해녀, 위안부 문제, 고시원의 화재로 숨진 노동자, 강정 사건, 고학력 문제 등이 다 거론되고 있다. 기법적으로 크게 보면 리얼리즘적인 작법이다. 허구적인 것이 아니다. 이남순 시인이 체험해온 반백년 인생의 시간들이 보아온 비교적 상세한 우리 시대 어둠의 지도다. 시적 구성이 허술한 작품들도 아니다. 감동을 얻어내기 위해 과도한 분장술을 사용하지도 않는다. 단지 메시지가 확실하다는 것이다. 아울러 이러한 작품을 쓰는 그의 태도는 우리 사회가 더 발전해야 한다는 희망에서 근거한다. 그의 이런 치열한 시적 실험이 이 시조집을 절실한 현장의 노래로, 구체적인 이미지의 노래로, 진정성 있는 삶의 노래로 바꾸어놓았다.

오늘 우리 시조가 어떤 방향으로 가야하며 무엇을 노래해야 하는가에 대한 하나의 이정표가 아닌가 생각한다. 거시적 안목에서 한 애기일 뿐 세상의 모든 시조가 같을 수는 없다. 그러나 이렇게 샅샅이 현실을 살피는 것으로 자신의 존재 이유를 외치는 시인 이남순의 개성적인 시조문학은 주목받아 마땅하다. 가장 어두운 시조, 가장 슬픈 시조, 그리고 새로운 진전을 꿈꾸며 가장 많은 질문을 세상에 외치는 작품들이 담긴 시조집 『봄은 평등한가』의 출간을 축하한다. 토속정서와 경상도 사투리와 유머를 주 무기로 이미 2권의 작품집을 낸 바 있는 그가 다음에는 어떤 세계로 독자들을 안내할지 궁금하다. 그의 실험은 금기 없이 열어가는 한국시조의 새로운 길이기 때문이다.

04

LEE YU GEL ESSAY

II

무위의 시학

– 김종 시조집 『무위능력』

1.

1970년대에 나는 제대 복학생이었다. 도서관 한구석에서 과월호 잡지를 뒤적이거나 전문서적 몇 권을 한약 마시듯 읽으며 하루하루 보내고 있었다. 어쩌면 지루하고 어쩌면 한유한 때에 김향이란 문인을 월간문학에서 만났다. 「꽃장수」란 동시로 신인상을 받은 시인이었다. 그런 일이 있은 2년 뒤 중앙일보 신춘문예에 시조 「가을에」라는 작품 당선자로 다시 그를 볼 수 있었다. 그땐 김종이란 필명을 사용했다. 그즈음 나도 시조라는 장르에 깊숙이 빠져있던 때라 그의 당신작을 외고 다녔다. 비가悲歌의 분위기를 띠고 있는 이 작품에서 결이 삭은 우리말의 향기와 가락을 느낄 수 있었다. 그리고 10년이나 지난 뒤 그는 경향신문 신춘문예에 시 「겨울바다」로 당선 되었다. 이땐 김종목이란 본명을 사용했다.

사실 동시나 시조나 시는 같은 장르라고 볼 수 있어서 어떤 문인은 신춘문예를 시와 소설 두 장르로 해서 상금이나 대폭 올려줬으면 좋겠다고 하는 이도 있다. 물론 나는 동의하지 않지만 일리가 없는 말은 아니다. 그런데 동시, 시조, 시로 신인상이나 신춘문예라는 어려운 관문을 통과하는 능력 또한 아무나 가질 수 있는 것이 아니다. 그의 프로필을 보면 동화, 라디오 드라마, 서사시 등 전 장르를 망라한다. 발표, 미발표작을 합쳐서 190권 분량의 작품을 가지고 있다고 한다. 그런 그가 오랜만에 시조집 『무위능력』을 낸다. 시조발전에 관심을 가진 필자로서는 반가운 일이 아닐 수 없다. 적어도 이 시조집이 시조의 활로를 여는데 어떤 계기를 만들 수 있을 것이라는 기대 때문이다.

2.

선입견 없이 이 시조집을 읽는다면 다음 작품에 눈이 멎을 것이다.

1

어둠 속에 어둠이 똘똘 뭉쳐 있다

장독대 밑 몰래 숨은 정적의 빛나는 눈

순식간 용수철처럼
섬뜩하게 튀는 살의

2

찍–하는 비명도 금세 끝내고 마는

저 황홀한 식욕이 어둠을 찢어 놓고

흔적도 없이 사라지는

서늘한 달빛 한 줌

–「야묘夜猫」 전문

시적 긴장감이나 표현의 참신성, 그리고 시대를 함의하는 다양한 상상의 자극 등 어느 면에서도 이 작품은 단연 수작이다. 그러나 이번 시조집에서 이런 작품이 주류라고 할 수가 없다. 시조집 제목이 말하는 바와 같이 시적 정도正道가 아니라 얘기하고 싶은 것을 솔직하게 그리는 것이 한 결실이 이 시조집이기 때문이다. 팔십에 닿아가는 노년의 눈으로 아름답고 소중한 것들에 대한 느낌을 메모하면서 그 내용을 온전히 시조에 담고 싶었을 것이고 그 결실이 바로 이 시조집이 아닐까 하는 생각을 한다. 또 바꾸어 얘기하면 시적미학의 의도적인 추구보다는 자연스럽게 떠오르는 시상을 가능하면 평상적인 언어로 노래하려는 것이 이 시조집의 특징으로 보이기 때문이다. 이러한 그의 의도는 시 낭송음반 제작 등 독자를 향해 끊임없이 다가가려 노력했지만 문단 어디에도 얼굴을 드러내지 않는 그의 태도를 보아도 알 수 있다.

여기 실린 100편은 노년기에 발표하는 작품들이지만 평소 그의 시관을 보여주는 변함없는 흐름을 유지하고 있다. 김종시학의 특징을 세목별로 얘기한다면 비가조의 작품을 많이 쓴다는 점, 사랑을 주제나 소재로 하는 시가 많다는 점, 인생을 성찰하는 시조를 쓴다는 점, 그리고 일상어들을 꾸밈없이 시어로 활용해서 독자들에게 난해하지 않는 시조를 보여준다는 점일 것이다.

3.

먼저 그의 시조의 특징 중의 하나인 비가조의 작품을 살피려고 한다. 아래 인용 시구들이 그 예이다.

> 가슴 속 곱게 물들어가는 설움같은 꽃이여 —「첫정」 부분

> 아 그대 못오는 마음 그렁그렁 눈물이다 —「목련12」 부분

> 눈시울/ 붉어지는 사람들/ 어찌 잊었다하겠느냐
>
> —「잊히지 않는 사람」 부분

> 눈물겨운 사람은 팽이처럼 흘렀어도 —「너의 사진」 부분

> 장독간 붉은 맨드라미만/ 크렁크렁 울먹인다 —「빈집10」 부분

> 그리움도 크렁크렁 눈물로 얼룩지고 —「산도화를 보면서」 부분

목놓아 울수 없는 아픔을 억누르며 —「부러운 눈물2」 부분

다시 또/ 당겨보는 손/ 겨냥한 채 울먹인다 —「활시위 힘껏 당겨」 부분

인용한 작품도 이 시조집의 일부분이다. 그의 중앙일보 당선작에도 "가만 울어나 볼란다"라는 시구가 있다. 그만큼 그에게 눈물은 일상적이다. 대체로 해방 전후 시인들의 작품에서 비가조의 분위기를 자주 발견하게 된다. 신산한 삶과 관계가 있을 것이다. 전후의 절망이나 잃어버린 조국에 대한 향수 또는 가난하고 힘든 나날이 그런 감정을 자아내게 했을 것이다. 아니면 실연이나 지극한 사랑의 표현방법으로 비가가 적당했을 것이다. 김 시인의 경우 1938년 일본 아이치현에서 태어났다. 해방된 해에 7살이었고 6 · 25가 일어났을 땐 12살이었다. 유아기에서 소년기까지 그가 겪은 가혹한 시련들이 그의 시풍을 비가조로 흐르게 했을 것이다. 현대시는 감정의 유로를 극히 금기시 한다. 그러나 모든 시인에게 오로지 그 방법만이 정답은 아니다. 소월은 설절한 연시로 우리시의 큰 봉우리가 되었다. 여기서 거론하는 것은 그의 시조의 개성을 안내하기 위해서이다.

비가조의 시조가 많다는 짐과 연계해서 사랑의 시가 많다는 점 또한 이 시인의 시적특성으로 얘기할 만하다.

세월이 흘렀어도

잊히지 않는 사람

무슨 열병처럼 문득문득 생각나는
가슴에
깊이 박힌 상처는
치유될 길 없어라

잊었다고 말해도
잊힌 것은 아니다
꽃이 피고 질 때나 둥근 달이 떠오를 때
눈시울
붉어지는 사람을
어찌 잊었다 하겠느냐

죽도록 사랑하다
헤어져 버렸지만
그 아픔 그 사랑은 화약을 품은 듯이
내 가슴
한번씩 터져
산산조각 나게 한다

—「잊히지 않는 사람」 전문

너의 사진 한 장을 컴퓨터에 올려놓고
틈만 나면 불러내어 하염없이 바라본다
세월이 아무리 흘러도 앳된 너의 고운 모습

어느 새 내 머리엔 백발이 성성하고
눈물겨운 세월은 팽이처럼 흘렀어도
아직도 너는 꽃으로 빙그레 웃고 있다

헤어져 내 마음에 화인처럼 찍힌 얼굴
아팠던 사랑도 곱게 절이 삭아
이제는 그리움으로만 울컥울컥 도진다

— 「너의 사진」 전문

일평성을 걸어놓고
겨냥한 타킷처럼

활시위 힘껏 당겨 네 심장을 겨눴지만

끝끝내
쏘지 못하고
내 가슴만 쏘았다

깊어진 상처는
세월도 소용없고

오로지 네 생각에 만신창이가 되었어도

다시 또

당겨보는 손

겨냥한 채 울먹인다

―「활시위 힘껏 당겨」 전문

앞의 두 편 (「잊히지 않는 사람」 과 「너의 사진」)은 헤어진 사랑에 대한 노래이고 「활시위 힘껏 당겨」는 짝사랑에 대한 회한을 노래하고 있다. 그의 사랑시는 이 작품만이 아니다. 「눈내리는 밤」에는 "아, 정말 보고싶다 기약없는 세월속에/ 간절함도 술잔 위로 뭉클 뭉클 뜨거워져/ 오늘 밤 또 뜬 눈으로 몇 만리를 헤매리" 라고 노래하고 있고 「다시 찾은 파계사」의 마지막 연엔 "지금은 어디에서 무얼 하고 사는지/ 지은 죄 많은 놈이 부질없이 서러워져/ 여관집 앞에 멈추어 서서/ 눈시울을 붉힌다"라고도 노래한다.

이 연가들의 공통적인 느낌은 먼저 복잡한 메타포를 동원하지 않고 있다는 점이다. 다시 말하면 직설적 어법을 쓰고 있다. 두 번째로는 추상적인, 관념적인 사랑시가 아니라 구체적인 사랑시라는 것이다. 그리고 헤어짐의 아쉬움, 아픔, 후회, 짝사랑의 후회, 고통, 사랑하는 사람에 대한 속죄 등을 모두 그리고 있다는 점이다. 이렇게 쉬운 사랑시를 이 시인이 쓰는 이유는 무엇일까? 나는 독자와 친근한 자리를 마련하려는 김종 시인의 시에 대한 철학 때문일 것이라고 생각한다. 기교나 난삽함의 극복이라는 노력은 시의 저변확대를 위해서 반드시 필요하다. 다만 판매를 목적으로 하는 저급한 시들이 공허한 사랑시를 앞세우는 경우가 왕왕 있다. 그 점에서 이 시조가 오해받지 않아야 한다.

인생론적이거나 인생을 성찰하는 작품은 어느 정도의 연륜이 필요하다. 연소한 천재들이 흔히 생에 대한 예리한 통찰력으로 남겨놓은 작품들이 있긴 하지만 인생을 어느 정도 경험해본 시인이 쓰는 것이 어울린다. 이 시조집 속엔 독자의 가슴에 닿는 시조들이 적지 않다.

보이지 않으면 죽은 거나 마찬가지
자주 얼굴 맞대야만 살아있는 축에 들고
얼굴이 보이지 않으면
산 자도 죽고 만다

–「대면2」 부분

오랫동안 쇠줄에 개를 묶어 두었다가
불쌍하여 목에서 줄을 풀어주었지만
자유가 되었는데도 개는 그냥 엎드렸다

때가 지난 지금에 와
무슨 짓이냐는 듯
펄펄 힘 있을 때 풀어주지 않고 있다
기력이 쇠잔해진 지금
약 올리는 거냐는 듯

너부죽이 엎드린 채 좋아하지도 않는다
기껏 풀어준 내가 도리어 맥이 풀려
쇠줄로 다시 목을 묶어도 개의치도 않는다

–「늙은 개」 전문

소설책을 읽다가는 지루하면 던져두고
마음이 내키면 또 펼쳐 읽는다
보아도 혹은 아니 보아도 그만인게 책이다

그러나 인생은 아무리 지루해도
중도에서 결코 그만 둘 수 없는 것
끝까지 읽어내야만 하는 장편소설 같은 것

아무런 말도 없고 눈 따갑고 속 아려도
주어진 임무처럼 완전 독파하고서야
비로소 덮을 수 있는 것이 인생이란 책이다

–「인생이란 책」 전문

「대면2」의 경우는 세태풍자의 성격을 띠고 있다. 고함치고 표현하고 움직여야 존재를 인정받는 세상을 비판하는 시조다. 10년 만에 아는 이를 만난 시적 자아는 외부 사람들에겐 죽은 것으로 인식되고 있다는 내용이다. 평범하고 단순한 내용이다. 그러나 은자의 삶을 살면서 자신의 내면 성숙에 진력해온 사람에겐 어처구니없는 마타도어다. 외치고 표현하고 겉으로 움직임을 드러내야 존재를 인정받는 사회는 가치 있고 성숙한 사회가 아니다. 「늙은 개」는 이 시인의 자화상 같은 시조다. 오랜 시간 공직생활을 하면서 길들여진 삶의 자기 모습을 돌아보며 좀 더 일찍 자유로웠더라면 더 많은 것을 보고 생각하면서 이 세상의 미추와 깊고 넓음을 알 수 있었을 것이라는 시조가 아닐까? 또 다르게는 길들여지는 삶의 무서움을 드러내는 시조이기도 하다. 「인생이란 책」은 담담하게 살아온 인생을 회고하면서 신이 주신 생명의 시간을 그저 소중히 가꾸면서 마지막까지 사는 것이 미덕이라는 그의 인생관을 보여주는 작품이다.

죽음의 미학을 다룬 작품으로는 「부드러운 눈물」, 「삶의 반납」 등이 있지만 노년의 처세에 관한 작품으로는 드물게 다음 작품이 있다.

빼셈보다 덧셈을 더 많이 배웠다

손가락이 시꺼멓게 연필심을 굴리면서

더하고 더하는 셈에
푹 빠져 허덕였다

하나가 둘이 되고 둘이 다시 넷이 되는

그렇게 인생살이 불어 날 줄 알았는데

어느 새 뺄셈이 될 줄은
정말 나도 몰랐다

이제는 뺄셈으로 인생을 배울 시간
욕심도 번뇌도 다 빼어 내어야만

제로가 되는 정답을
얻을 수가 있겠다

—「덧셈과 뺄셈」 전문

생에 대한 통찰력이 그려낸 의미 있는 작품이다. 시조라는 형식 안에서 인생의 전, 후기 삶의 방법을 재치 있게 녹여서 시로 읽히게 하는 능력은 예사로운 것이 아니다. 더하기에 혈안이 되어 살아야 했던 젊은 날의 삶에서 자꾸만 빼어야 빛날 수 있는 노년의 삶, 그 심오한 인생의 이치를 단순 명확하게 시조의 가락 위에 올려놓았다.

마지막으로 이 시인의 시조가 독자들에게 난해하지 않게 읽힐 수 있다는 사실의 증명은 특별히 예를 들 필요가 없다. 이 시조집에 실린 모든 작품이 그 예가 되고 있기 때문이다. 오랜 기간 문학을 연구했고 시와 시조와 동시를, 동화를 창작해온 그가 늘 가지고 있는 중요한 생각은 무엇이었을까? 독자가 없는 문학은 의미가 없다는 결론이었으리라 나는 짐작해 본다. 시집이 팔리지 않는다, 독자들이 시를 읽지 않는다는 문제로 세미나를 열면 시가 너무 어렵다거나 시 고유의 가락이 없다거나 절제와 함축이 없다고들 한다. 그렇게 외치고 돌아와선 힘들여 쓰는 것은 난해한 이미지의 숲이다. 이 시조집은 최소한 난해나 난삽이라는 평가로 부터는 벗어나 있다. 이 하나의 사실만으로도 독자와의 거리를 좁혀보려는 그의 노력을 확인할 수 있다.

4.

이제 김종의 시조시학을 정리해야 할 차례가 되었다. 그런 얘기의 화두로 다음 한 편의 시조를 읽을 필요가 있다.

오늘도 하루 종일
아무 것도 하지 않았다
창문을 열어놓고 흐르는 구름이나
날으는 새들을 보며
어정어정 보냈다

아무 것도 안 하는 것
이것도 어려운 일
남이 보면 빌어먹을 짓인지는 모르지만
나에겐 도 닦는 일과 진배없는 일이다

아무 것도 안 하는 걸

하고 있는 즐거움을

알아 줄 사람이 전무하다 할지라도

나만의 무위능력에는

이상 없는 것이다

—「무위능력」 전문

「무위능력」은 이 시조집의 표제시다. 노장적 태도가 담겨 있다. 공자의 인과 대비되는 무위란 원래 자연 그대로의 의미를 담고 있지만 이 작품에서 무위능력이란 아무 것도 하지 않을 수 있는 능력을 의미한다. 마음 가는대로 꾸미지 않는 시조를 쓰겠다는 뜻일 것이다. 그래서 앞서 「야묘」를 논하면서 이런 균형 잡힌 시조가 이 시조집의 주류가 아니라고 말한 것이다.

이제 노년에 와서 균형 잡힌 잘 짜인 시조보다는 쓰고 싶은 마음을 마음껏 펼치는 시조를 쓰고 싶었던 것이다. 그야말로 무애자재한 시편들을 이 시조집은 담고 있다. 그런 그의 취향은 친자연적이고 정적이며 내면의 영역을 확대하고자 열망한다. 따라서 시정에서보다 「눈오는 산사에서」나 「귀」에서나 「석간수」 같은 작품에서 보여주는 바와 같이 견성의 자세에서 맑고, 작고, 고요함 속에서 보이지 않는 사물의 질서를 발견하려 한다. '면벽' 이나 '도' 혹은 '고요'에 대한 경도는 그런 길을 찾기 위한 방법이다.

김종 시인은 그가 빚어내는 비가조의 시조, 사랑의 시조, 맑고 아름다운 모국어의 시조, 성찰과 지혜가 담긴 시조, 꾸밈없는 일상어의 시조를 통해 시조의 효용성과 독자층의 확대는 물론이고 스스로의 내적 성숙에 심혈을 기울이는 시인의 모습을 보여주고 있다. 이 시조집을 계기로 현대시조의 새로운 활로가 열릴 수 있길 기대하며 김종 시인의 건필을 빈다.

LEE YU GEL ESSAY

II

10년, 소담스레 열어놓은 서정의 지평
– 운문시대

1. 출발

고종석은 「오래된 미래의 시」라는 글에서 윤극영을 높이 평가한다. 윤극영은 단순한 동시인이 아니라 작곡가요 가수였기 때문이다. 가령 이원수, 강소천, 윤석중이 있었다 해도 윤극영만큼 전방위예술가는 아니었다. 현실적으로 6,70년대에 먼저 거론한 아동문학가의 위세는 서정주나 청록파 시인보다 영향력이 더 컸다고 해도 과장은 아닐 것이다. 그들의 시는 초등학교 아이들의 교과서에 등장해서 암송되어졌고 작곡이 되어 불려졌고 많은 대중매체에 의해 꾸밈없는 어린 시절을 되새기게 했다.

이 동시들이 전달되는 가장 큰 힘은 무엇이었을까? 나는 제일 먼저 운문성을 떠올린다. 어린이들이 외우기 좋고 그들을 흥겹게 하는 마력이 이 시인들의 작품 속에 있었다면 제일 먼저 꼽아야 할 장점은 율감律感을 느낄 수 있는 장치를 가지고 있었다는 것이다.

그런 율감을 생명으로 해야 하는 시를 떠올려 본다면 바로 시조가 아닌가. 〈운문시대〉는 어떤 경우에도 시조의 운문성을 극대화해서 시조의 새로운 미래를 개척하고자 하는 확고한 목표를 가지고 2003년에 출발한 시조동인이다.

"울산에서 활동하는 8명의 시인들이 모였다. 신라향가 이후 유구 천년의 역사를 지닌 시조의 길을 가기 위해서이다. 그러나 그 길은 '시조의 전통을 잇는 답습의 길'이 아니라 오늘의 시조를 뛰어넘는, 그리하여 '시조의 새로운 지평'을 여는 '창조의 길'이다. 우리는 시조쓰기를 통해 시조가 현대시와 나란히 하거나 뛰어 넘는 절체절명의 순간까지 가보려 한다. 궁극의 목표는 지금처럼 시조를 쓰지 않고 노래할 수 있는 경지에 이르는 것이다."

인용한 글은 2003년 제1집에 실린 서문이다. 시조의 창조적 계승을 통해 오늘의 자유시와 대등한 또는 뛰어넘는 것, 궁극에는 노래가 되는 것을 분명한 목표로 제시하고 있다. 시의적절한 목표이고 그런 마음으로 10년을 가꾸어온 동인들의 노력에 먼저 경의를 표하고 싶다.

2. 운문성

앞서 강조한 운문성에 관한 서술을 뒷받침할 만한 동인들의 노력은 그들의 전 작품에 고르게 나타나고 있다.

마알간 유리창에

편지 쓰는 봄비 한 줄

지웠다 다시 쓰며
초록물을 입히면

자욱한
물안개 안부
수묵화를 치고 있다

김병환의 「유리창엔 비」 전문이다. 명징한 한 폭의 그림이다. 대중가요 제목을 그대로 차용한 것도 의도적인 것으로 보인다. 피폐한 현실에 지쳐있는 사람에게 이런 그림은 아이들의 노랫소리처럼 흥겹고 맑고 따뜻하고 신선한 느낌을 준다.

어두워, 오는 길이
행여 낯설까봐

미리 등불 밝혀
골목골목 거나 보다

아이들 머리 수 만큼
그리움의 깊이만큼

김종렬의 「홍시」다. 역시 정감 있고 흥겹고 선명한 시조다. 동시조로 읽어도 좋다. 그러나 좋은 동시가 시로 잘 읽히는 것처럼 굳이 동시조로 구분할 필요도 없어 보인다.

누군가 가만가만 다가와 말 건넬 때
가는 허리 흔들며 하늘하늘 노래했었지
난 그런 기다림 앞에 늘 혼자였어요

앵글에 찰칵찰칵 담아가는 내 얼굴
참 예뻐라 수다 떠는 유혹의 손길들은
무심결 머리핀으로 나를 꺾진 마세요

향기를 실어 나른 소슬바람 머무는 밤
떨림판 가슴 앓새 이직 올어댑니다
별들도 외로웠는지 따라 흔들립니다

박미자의 「들꽃 편지」다. 여기서는 음보율만이 아니다. 흥겨움을 더하기 위해 동원된 언어들이 동요처럼 가볍고 아름답다. "하늘하늘" "찰칵찰칵"과 같은 의태이나 의성어들이 들꽃의 정황묘사에 참으로 자연스럽게 어울리면서 리듬감을 자아내는데 기여하고 있다.

겨울은
너무 오래

느린 걸음으로 왔다

천년 전 소 울음 뒤에
떨군 눈물 같은 바다

어느 날
내 뒷모습이
너를 닮았으면
좋겠다

손상철의 「우도」다. 단정한 단시조지만 다른 작품들과 다르다. 그의 연작들은 세계에 대응하는 그의 실험이다. 특히 이 시조는 삶에 대한 자기만의 인식과 해석이 담겨있는 가볍지 않은 작품이다. 음보 또한 철저하다.

그 여자 오늘도 첼로를 연주한다
누군가의 한 생이 창가에 와 머문다
깊은 밤, 내 작은 두 귀는
울음 강이 되었다.

신춘희의 「귀뚜라미」다. 포즈가 예사롭지 않다. 다른 동인들과 같이 운문성에 열정을 쏟으면서도 대상을 새롭게 그려내려는 노력들이 곳곳에서 빛을 발하고 있다. 그런 솜씨는 "누군가의 한 생이 창가에 와 머문다" 등에서 역력하게 드러난다.

황금빛 유자 얼굴 바닷바람 맞고 섰다
경계선 그은 해안 갈매기 넘나들고
가끔씩 파도 공룡이
몽돌알 낳고 간다

봄바다 바라보며 수리하는 다랑이 논
꼬마장병 사열하듯 푸릇푸릇 섰는 마늘
어디로 날아갈는지
프로펠러 돌리고 있다

이영필의 「남해」다. 외면풍경에 시선을 보내고 있다. 한 치의 흐트러짐 없는 음보의 시조다. 여행시 같은 스케치이면서도 활달하게 움직이는 강한 느낌이 있다.

서로 봄 건너다 봄
마주 봄 뒤돌아 봄

따로 볼 거 있나요 지금이 봄인데
어쩌면 봄이 이렇게도 가까이 있었네요.

조경애의 「봄」이다. 발랄한 재치와 리듬으로 짜여 진 개성 있는 작품이다. 이 작품은 말을 부리는 시인의 능력을 보여준다는 면에서 적지 않은 의미가 있다. 시인은 언어기술자이기 때문이다. 그러나 지나치게 언어의 부림 쪽에만 무게가 실릴 경우 진중한 감동을 주지 못하는 경우가 생길 수 있다.

거론한 김병환, 김종렬, 박미자, 손상철, 신춘희, 이영필, 조경애 시인의 작품들이 운문성의 확충을 통해 외우는 시가 아니라 읽혀지는 시로 변한 오늘의 시조에서 시조의 본래의 가적歌的 요소를 적극적으로 활용해서 현대시조가 지닌 개성을 찾는 동시에 대중성을 확보하려는 노력을 하고 있다. 결코 가볍지 않은 결실로 읽힌다.

3. 서정과 현실의 교직

모든 정형시는 서정시다. 서정시는 시의 본령이다. 따라서 시조는 시의 본령을 가장 잘 간직하고 있다. 서정시는 음악성의 구현을 특징으로 한다는 점에서나 단형의 시라는 점에서나 극히 주관적이며 내향적 성격을 띤다는 점에서 그렇다. 그러나 우리는 다양한 시적 전략과 그 실험으로 독자에게 새로운 미적 충격과 경험을 제공해야 한다. 그러한 결실을 위해 동인들의 노력을 살펴볼 필요가 있다.

불혹에 세상흐름 이제 조금 알 것 같아
등 매단 먹감나무 우듬지에 불지핀 뜻은
소소소 낙엽비 소리 들어보라 하는 거다

회한의 눈물 한 줌 길섶에 뿌린 날들
돌아보면 부연 기억 발자국 지워가면
불 밝힌 알전구 홍시 빈 하늘 데우는 거다.

김병환의 「중년의 가을」은 앞서 거론한 명징한 「유리창엔 비」와 다른 진중한 무거움이 있다. 삶의 지혜를 받아들이는 중년의 긍정과 회한이 적절히 투영되어 있기 때문이다.

겨울비 추적대는 늦은 오후였다
몇 군데 허빙지고 겨우 찾은 구두수선집
백열등 낡은 불빛이 첫눈처럼 반가웠다

뒷굽을 가는 데는 채 오분도 안 걸렸다
두 해는 족히 넘게 나를 지탱해준 그가,
작별은 고할 틈도 없이 스레기통에 박히고

그런데 왜 그 순간 목젖이 아렸을까
"아저씨, 그 굽 제가 가져가도 될까요?"
한 번도 안아주지 못한 아, 내 몸의 일부여

김종렬의 「그해 겨울」이다. 구성도 자연스럽고 난폭한 비유도 없다. 그래서 낯설게 느껴지는 풍경도 아니다. 그러나 찡하게 전해지는 울림이 있다. 리얼리티의 획득에 성공한 작품이다. 되씹을수록

쓰라린 삶의 애환이 여기 깃들어 있다. 「자벌레」, 「말채나무 단상」, 「이사를 앞두고」도 그런 재능을 보여준다. 그러나 작자의 내면을 너무 투명하게 드러내는 약점도 있다.

허연 김 풀어지는 왁자한 새벽 시장통
뜨끈한 국밥으로 시린 속 데우고 나면
하루를 여는 안전화 유리문을 나선다

발길이 절로 닿는 단골집은 고향이다
찬바람 부는 날엔 못 잊는 김치국밥
후덕한 아줌마 인심 손 덥석 잡고 싶은

비 와서 공치는 날 막걸리잔 기울이면
덤으로 듬성듬성 썰어 넣은 아바이순대
땀 뻘뻘 눈물도 후룩 콧등 시큰거리고

장작불 지핀 아궁이 설설 끓던 구들목
한달음 달려가서 무거운 몸 녹이다 보면
감칠맛 어머니 손맛 느껴보고 싶은 게지

박미자의 「국밥 한 그릇」이다. 「국밥」은 신산한 삶의 고통을 극복하는 수단이고 잃어버린 고향의 맛을 회억하는 방법이며 삶의 멍울을 치유하는 방법이다. 박미자의 모성애적 감성은 「지갑 속의 램프」에서도 효과적으로 투영되고 있다. 구어체의 「들꽃이야기」와는 또 다른 현실에 대한 과격하지 않은 저항과 끊기 있는 극복의 의지를 보여준다.

채울 수 없는
잔 속
그만큼
다시 비우고

취할 수 없는
잔들이
섬이 되어
떠돈다

포장집
도마 위에 솟는
새벽 해가
펏덩이다

손상철의 「제부도」다. 음보에 있어서나 이미지가 연출해내는 여운 등으로는 「우도」가 가장 성공적인 것 같다. 「거제도」, 「무의도」의 중장은 음보상 자연스럽지 않다. 그러나 단형시조를 같은 제목으로 쓰면서 굴종과 절망 혹은 빈잔의 시대에 희망을 건져 올리는 기법을 보여주고 있다. 「이력서, 자장면을 시키고 기다리는 사이」 등에서 구체적인 현실의 세목을 드러내며 삶에 대한 환멸을 냉소적으로 그려내는 역량을 보이고 있다.

넉살좋은 아저씨같은,
그 아저씨 웃음같은,
시월의 햇살이 담벼락에 모여있다
막걸리 한잔 했는지 얼굴이 불콰하다
지나간 날들과 다가올 죽음 사이
쌓여있는 적막을 바람이 빗질한다
뽀오얀 먼지 속에서 쿨럭이는 가랑잎
고추가 고샅에서 일광욕을 즐기는 사이
애잔하고 여리고 아름다운 것들을
잠속에 데려가려고
햇살은, 뒤척인다

신춘희의 「햇살을 읽는다」이다. 묘사능력이 돋보인다. 그의 모든 작품에서 우리가 읽을 수 있는 것은 쉽게 감정을 노출하지 않는다는 점이다. 냉철하면서도 이지적인 시 문장력은 성공한 자유시를 읽을 때와 같은 느낌으로 다가온다. 곧 겨울이 올 시월의 햇살을 통해 소멸의 미학을 그려낸다. 을씨년스럽지만 정겹고 또 쓸쓸한 감정이 치밀어 오르는 한 편의 아름다운 심상 풍경이다.

바쁘게 오간 사람 뿔뿔이 흩어지고
낡은 구두 뚜벅대던 공원길 나무 틈새
고혈압 알약을 닮은 주황색 달이 떴다

셔터가 내려진 우체국 앞 도로 지나면
꽉 막힌 자동차 행렬 퇴근길 성난 불빛
대상도 대화도 없이 으르렁대는 차를 본다

강 건너엔 재개발로 그래프 같은 건물
산 막고 하늘 막고 별빛 총총 닫아걸고
익사한 빛무리들만 불나방이 물고 난다

이영필의 「퇴근 무렵의 시」다. 돋보이는 이미지들이 잘 배치되어 있다. "낡은 구두 뚜벅대던 공원길"과 "고혈압 알약을 닮은 주황색 달"의 연결은 탁월하다. "대상도 대화도 없이 으르렁대는 차"나 "익사한 빛무리들만 불나방이 물고 난다" 등도 절묘하다. 이 작품은 문명비판의 색깔을 띠고 있다. 현대성, 현장성을 모두 갖추고 있다. 「역행」은 실험적이지만 너무 거칠고 「경건한 시간」은 처지는 작품이다. 발견의 눈도 수사의 아름다움도 효과적으로 드러내지 못한다.

그렇게 멀리 말고 너무 가깝지 않게
서로 체온이 느껴지는 거리에서

다정히 웃을 수 있게 마주보며 지내자

지금의 순간들이 훌쩍 앞서가더라도
감정의 무게 중심에 흔들리지 말자
시간이 입맛 다시며 돌아온다 믿어보자

돌부리 넘어지듯 말 한마디 상처날 때
다독여줄 여유 정도 부리며 살아가자
소소한 일상이 쌓여 삶의 배경이 되도록

조경애의 「관계의 미학」이다. 「어머니의 동화」와 비슷하다. 쉽게 읽힌다. 그것은 큰 장점이다. 그러나 또 다른 면에서 생각해 보면 내밀한 서정성을 가꾸기에는 너무 직설적이라는 면에서 단점이 된다. 「어떤 장면」도 그렇다. 풍경이 아름답고 어느 독자에게나 열려 있는 즉 가독성 있는 작품이다. 이 양면성은 시인이라면 누구나 갖게 되는 딜레마다. 대중성에 포인트를 두느냐 전문성에 포인트를 두느냐에 따라 시적 태도가 달라질 것이다. 어느 쪽을 선택하든 새로움을 찾아 고뇌하는 시인의 모습을 보여줘야 한다는 명제는 변함 없는 금언이다.

4. 맺으면서

시조는 현대에 와서 전문시인을 배출하게 되었고 최근 일세기에 가까운 기간 동안 많은 발전을 했다. 2000여 시인들의 작품집이 일

년 안에 백여 권이나 간행되고 있고 우수한 십여 명의 시인들은 범시단에서도 인정을 받으며 한국시의 발전에 기여하고 있다. 그러나 「한국근대시사」(유종호) 27~28페이지에 실린 다음과 같은 편견을 읽으면서 우리가 가져야할 작시태도는 명확해진다.

> 우리 고유의 시가양식이면서 한시에 밀리어 주류 장르가 되지 못했던 시조는 생산자와 소비자 사이에 돈독한 선린 관계를 유지하면서 계승되었다. 그러나 시조의 정형성은 그대로 모티브의 한계성으로 발현되어 새 술을 담기에 역부족인 낡은 부대임을 증명하게 되었다. 그러한 사정은 현대시조가 걸어온 길을 통해 확인할 수 있다. 현대시조가 보여 주는 중요한 특성은 무엇일까? 모든 시조에 내재하는 일관된 성격이 있다면 무엇일까? 그것은 시조의 사회적 역사적 기원이나 발달과 불가피하게 연루된 반 모드니즘이다.

이렇게 재단한 유종호는 "현대시조도 자연서경, 계절의 순환, 영탄적 회고, 특정 순간의 심경 토로, 계기의 시편, 경의의 헌정, 우정의 교환 같은 전통적인 모티브의 처리로 명맥을 이어왔다" 고 주장한다. 이 의견에 대한 반증은 수십 권의 우수한 시조집으로 가능하다. 그럼에도 불구하고 시대와 동떨어진 시조를 쓰고 있는 시인들이 적지 않은 사실 또한 인정하지 않을 수 없다. 그렇다면 〈운문시대〉가 지금도 하고 있고 영원히 짊어지고 가야할 과제는 어떤 것인가 라는 질문에 대한 몇 가지 답변을 기술하여 이 글을 끝맺으려 한다.

첫 번째로 운문성의 극대화다. 이 점은 자유시와 다른 시조미학의 공간 확보를 위해 필요하고 〈운문시대〉가 심혈을 기울여 노력해온 부분이다.

두 번째로는 개성의 확보다. 동인 모두가 같은 가치를 공유하면서도 개개인 나름의 개성을 창조해야 한다. 소재면에서 혹은 주제나 문체면에서 혹은 실험의식에서 자신의 개성을 찾기 위해 고군분투해야 한다.

세 번째로 수요자의 확대를 위해 노력해야 한다. 이 점에서 시조는 막혀있다. 아동문학은 아동문학대로, 수필은 수필대로, 시나 소설은 말할 것도 없이 일정한 독자를 가지고 있다. 시조의 경우 몇몇 시인을 제외하면 독자가 참담할 정도로 미미하다. 이러한 문제를 해결하기 위해 끊임없는 노력을 해야 한다. 그 출구가 없는 것은 아니다.

네 번째로 지역문학 발전에 헌신할 수 있는 자세를 지녀야 한다. 동인이 그 지역에서 이익단체로 전락해서도 안 되고 패거리문학의 본거지가 되어서도 안 된다. 오로지 문학을 함께 한다는 점에서 우의를 공고히 해야 할 것이다.

마지막으로 동인은 작품 이상으로 예민한 문학적 문제에 대해 의문을 제기하고 토론해야 한다. 그런 흔적들을 동인지에 실었으면 한다. 자신의 문학에 대한 확신은 스스로의 태도에 대한 끊임없는 점검에서 나온다. 다음 동인지엔 동인들이 결코 안이하게 글쓰지 않았음의 증거들을 산문으로도 보여주길 기대한다. 그런 산문을 쓰면서 다시 한번 자신을 성찰하고 동인들간 상호 비판과 격려

속에서 인간적으로 문학적으로 더 깊어질 수 있었으면 한다. 〈운문시대〉의 10년 그 가파른 노정의 열매들을 일별하면서 한없는 감사와 사랑의 마음을 전한다.

섬세하고 따뜻한 내간체의 시조

– 박미자 시조집 『그해 겨울 강구항』

1.

박미자 시인의 시조를 읽으며 나는 60년대 군복무 시절의 한 사건을 떠올린다. 내가 1967년 입대한 뒤 배고프고 힘없는 연대 작전과에서 일하고 있을 때 우리 과에 신병이 배치되었다. 그래서 나는 사무실의 여러 일들 중에 마땅히 가장 졸병이 해야 하는 난로 관리 업무를 새로 온 김 일병에게 인계할 수 있었다.

그러한 사실 외에도 고참들의 트집으로 생기는 억울한 일들을 혼자 감당해야 했는데 김 일병이 와서 함께 겪고 대처할 수 있다는 사실에 너무나 기뻤다. 김 일병이 신병 신고식 때 불렀던 '전선의 달밤'은 내무반의 열기를 일시에 식힐 만큼 비장미를 거느린 한 서린 노래였다. 나는 과장님께 청을 드려 김 일병의 휴가를 주선해서 선임자로서 능력을 보여주기도 했다.

그러나 김 일병은 휴가를 간 뒤 돌아오지 않았다. 지금도 그 이유를 모른다. 후포의 고등학교를 졸업했고 어릴 때 선장이 되고 싶었다는 고백을 들었을 뿐 그 외엔 그가 왜 부대로 돌아올 수 없었는지에 대한 의문을 해결하는데 도움이 될 만한 기억이 없다. 약간 쓸쓸해 보이고 휘파람을 가끔 불곤 하던 그 사람은 쉽게 자신을 드러내지 않는 동시에 어떤 알 수 없는 그림자를 키우고 있는 병사 같았다.

동해는 유난히 맑고 푸르다. 그러나 여행자의 눈으로 동해를 바라보아도 나는 아직도 '전선의 달밤'이 자아내던 그 서늘한 노래의 정취를 기억하며 우울해진다. 이런 사건이 박미자 시인의 시조를 읽으면서 떠올랐던 것은 그의 출세작 「그해 겨울 강구항」 때문이다.

극 끝난 화면처럼 다 쓸린 해안선 따라
더 이상 참지 못해 안부 묻는 비릿한 초설
복숭뼈 아려오도록 길을 모두 감춘다

흰 이빨 드러낸 파도 밤새 기침 해대고
사연 낚는, 집어등 즐비한 환한 횟집
화끈히 불붙는 소주로 동파의 밤 데워간다

가출한 갈매기 떼 돌아오는 아침이다
풍향계 돌려대는 바람은 신선하고
풀리는 뿌연 입김에 인화되는 흑백 한 컷

–「그해 겨울 강구항」 전문

겨울 강구항을 잘 묘사해 낸 수작이다. 이 작품은 2009년 부산일보 신춘문예 당선작이다. 눈 덮인 작은 어항과 어떤 역경도 이겨내려는 듯한 삶의 불빛이 이 시인이 그려 논 흑백사진 속에 생동감 있게 담겨 있다. 처음 이 시조를 읽으면서 나는 결국 돌아오지 못한 김 일병이 사는 동네를 박 시인이 그렸고 어쩌면 김 일병과 박 시인이 같은 고향 사람은 아닐까 하는 착각에 빠졌다. 물론 이런 착각은 추억에 연유한 나의 부질없는 상상 때문이지만 박미자 시인의 작품은 그래서 내가 꼭 읽어야 할 의무감 같은 것이 느껴졌고 그런 느낌으로 다가갈 때마다 그의 작품들은 겸손하고 다정한 얼굴을 하고 나를 반겼다.

2.

박미자 시인은 어떤 태도로 시조를 쓰려할까. 이 시인에게 시조는 과연 무엇일까? 나는 어느 날 박미자 시인의 작품을 읽기 위해 그의 원고를 뒤적이다 문득 이런 질문이 떠올랐다. 이런 질문이 갑자기 떠올랐다고 하지만 결코 가벼운 질문은 아니다. 돈도 명예도 되지 않는 시조 쓰기를 혹시 철모르는 환상 때문에 들어선 것은 아닐까 하는 생각이 들었고, 그런 경우라면 그의 언어들은 그가 지닌 진정한 삶을 담아낼 수 없고 대체로 장식적 이미지의 나열로 예쁘게 쓰기의 여러 모습을 열심히 보여줄 것이고 그런 언어군 속에는 영혼을 위무하는 예술적 성취를 이룰 수 없다는 단정을 나는 하고 있었다. 그런 생각 중에 「시상을 앉히다가」라는 작품을 만나게 되었다.

깊은 밤 지식의 강에 발을 풍덩 담근다
시상을 잡으려고 초망을 쳐 훑어 봐도
피라미 몇몇 마리만 물풀 함께 걸려든다

불 끄고 누운 자리 뭔가 반짝 스쳐간다
종이 연필 찾는 동안 싹 달아난 영감 한 줄
결국엔 대어 한 마리 놓치고야 말았다

생각이 깊어지면 어둠도 빛이 되나
조금씩 트여오는 탁류의 구석자리
던졌다 다시 당기는 문학이란 질긴 끈

–「시상을 앉히다가」 전문

생각과 비유가 잘 은유화 된 세련된 작품이라고 말하기 어렵다. 지나치게 상식적인 시상의 전개이기 때문이다. 그러나 생활의 일선에서 전력투구하면서 시를 놓지지 않으려는 한 시인에게 문학이 얼마나 끈질긴 노력 속에서 이루어지고 있는가를 보여주는 데는 부족함이 없다는 신뢰의 한 단서로서 소중한 작품이다.

이런 삭시태도가 그의 시조를 진솔하게 하고 겸손하게 하고 끝까지 생활의 어려움을 토로하면서도 긍정적으로 안고 일어서고자 하는 극복의지를 그의 많은 작품들은 여실히 보여준다.

불국토 토함산이 하안거에 들어간다

풀포기 산짐승도 침묵으로 정진하고
산 들썩 뻐꾸기란 놈 초록숲을 깨운다

후줄근 땀을 쏟는 죽비 같은 소나기 떼
산안개 흰 옷자락 벗어 너는 우기에
촬촬촬 경을 외우는 산골짜기 물소리

배낭 하나 달랑 메고 산 정상을 오른다
발아래 굽어보는 장난감 펼친 세상
바람이 툭 등 떠밀며 내려가라 꾸짖는다

—「하안거」 전문

배낭을 메고 토함산 근처를 작자는 산행했을 것이다. 그리고 하안거를 생각했을 것이다. 불국사와 산속의 고요함을 연상시킨 그림이다. 그리고 정상에서 바라본 풍경이란 이호우가 「등고登高」에서 노래한 "무심한 발길에도 흔적 없을 개미성"이었을 것이다. 그러나 어쩌면 그런 감정이 그의 생활을 부질없는 허무로 치부하지 않는 "바람이 툭 등 떠밀며 내려가라 꾸짖는다"와 같은 지혜가 스며들지 않았다면 이 작품은 독자의 공명을 얻지 못했을 것이다. 가령 「간월사지」에서도 그런 시적 지혜는 같은 흐름으로 빛나고 있다.

병풍을 에둘러친 신불산 열두 자락
둥지 튼 천년 고찰 한편 드라마 찍다가

무너진 왕조의 위엄 석물 함께 나뒹군다

흩어진 퍼즐게임 복원시킨 삼층석탑
시공을 뛰어넘어 옛 신라 보는 듯한
부조된 사천왕상이 시대 흐름 꾸짖고

잃은 목 되찾아서 대웅전에 앉힌 여래
파란 봄 물들이는 범종소리 퍼져 가면
금당 앞 목련 가지도 활짝 가슴 열겠다

–「간월사지」 전문

이 작품에서도 긍정의 지혜는 마찬가지다. 이지러진 옛 나라의 역사를 노래할 경우 대체로 원망이나 비탄 혹은 참혹함을 이미지화하는 경우가 대부분이다. 이 시조의 경우도 둘째 수 까지는 그렇다. 그러나 그런 풍경을 그려놓고 끝내버릴 경우 박 시인은 굳이 그런 역사를 소재해 노래할 이유가 없다고 생각한다. 그런 그의 시관이 복원되는 고사의 모습과 새로 열릴 봄의 풍경을 함께 노래하게 한다. 이런 특징을 발견하기 위해 다른 생활시조들을 읽는 경우도 같은 느낌이다.「자동 세차를 하며」는 다음과 같다.

브러쉬 꽃물살이 회오리로 요동친다
쏴쏴쏴 마디마디 관절을 풀어내며
아프게 각인된 날들 물방울에 녹아난다

한 순간 역류처럼 예기치 못한 일 있다면
물처럼 바람처럼 순응하며 살아야지
먼 여정 오르기 위한 숨고르기 하는 시간

흰 입김 호호 불어 세상 밖 내다본다
빗장 건 마음에도 해빙무드 찾아들고
봄빛에 눈뜬 가로수 한참 수선 중이다

―「자동 세차를 하며」 전문

우리의 일상은 받아들이기 나름이다. 황량하기 그지없는 폐허일 수도 있고 되씹을수록 소중한 삶의 현장일 수도 있다. 박 시인은 언제나 후자의 편에 서 있다. 그의 그런 태도와 다른 경우는 불과 수편에 불과하다. 일상의 풍경이나 유적이나 그가 오브제로 선택한 경우 그 대상에 대해 그는 애정 어린 눈으로 정성껏 그려내고 언제나 맑은 하늘을 볼 수 있는 통로를 잊지 않고 만들어 둔다. 위의 작품은 하나의 예일 뿐이다. 가령 돈을 노래한 「지갑 속의 램프」나 겨울나기의 모습을 소박하게 노래한 「월동」이나 가정생활의 따뜻한 분위기를 그려 낸 「시트를 갈다가」에서도 그 흐름은 다르지 않다. 인생의 어떤 그늘도 안으며 참고 따스하게 녹여서 자상하게 노래한다. 그를 모르는 어떤 사람이 그의 시조를 읽는다 해도 내간체의 섬세함과 모성애적 온기를 입은 언어들을 조감하면서 여류시인이 아니면 그럴 수 없는 노래라는 것을 알 수 있을 것이다.

3.

박미자 시인은 따뜻한 시조를 쓰는 시인이다. 여류시인만이 쓸 수 있다고 단언할 만큼 모성애적 언어로 시조를 쓰는 시인이다. 대상을 치밀하게 살펴보고 그려내는 섬세한 시인이다. 그리고 세계와의 불화를 드러내기 보다는 오히려 포용하고 긍정하기 위해 바라보는 시인이다. 그리고 가식적인 언어를 장식적으로 사용하는 시인이 아니라 마음속 깊은 울림으로 시조를 쓰는 시인이다. 그래서 그는 주로 생활주변 일상사를 즐겨 노래하는 시인이다. 정들지 않은 대상을 억지로 노래하는 것은 이 시인의 체질이 아니기 때문이다.

이 시조집에서 바다와 수용의 눈은 그를 시인으로 만든 가장 아름다운 자산이다.

빛가시 어둠 헤쳐 고속으로 내달려온
졸린 눈 껌벅대는 짐차들이 빨려든다
거대한 초식공룡의 뻐엉 뚫린 입속으로

미끈한 무종아리 허옇게 드러나고
퍼머한 통배추는 나들이 온 아낙인 양
흙내음 고향정취가 푸릇푸릇 살아있다

모닥불 열기 속에 생의 현장 활활 탄다
경매꾼 걸쭉한 목청 새벽공기 가를 때
잽싸게 손 쬐려왔다 눈치 보는 겨울바람

알배기 고랭지 채소 새 포장을 서두른다
손난로 커피 한 잔 허기를 녹여낼 쯤
싱싱한 아침 햇살이 장바구니에 담긴다

—「새벽 청과시장」 전문

미로를 더듬어 가듯 산번지 밟으며 간다
다닥다닥 어깨 맞댄 하늘 아래 첫 동네
가건물 낡은 처마 밑 줄소주잔 꺾는소리

마구잡이로 먹어치우는 포크레인 잡식공룡
허리 반쯤 잘린 난간 신음소리 새어나와도
쓰러진 페트병에선 춘란 한 촉 벌고 있다

—「난곡 블루스」 전문

인용한 두 작품이 그의 시조의 오늘과 내일을 말해준다. 그는 변함없이 생활을 노래하며 살아갈 것이고 그가 바라보는 대상이 어떤 절망 속에 갇혀있더라도 그는 "페트병"에 피는 "춘란"을 발견하며 결코 희망을 버리지 않을 것이다. 그의 그런 정성이 더 깊어지고 넓어질 때 일상에서 길어 올릴 수 있는 여류시의 새로운 성취를 바라볼 수 있으리라 확신한다.

손거울에 담겨 있는 세상의 빛과 그림자

– 김효이 시조집『입술을 위한 에세이』

1. 들머리

어릴 때 누나들이 놓는 수를 자주 보았다. 이 세상에서 가장 아름다운 그림을 들라고 하면 나는 그때 본 수를 들고 싶다. 색색의 실로 그려내는 그림들은 꽃이거나 나비, 난초 등과 같은 식물뿐만 아니라 호랑이나 사슴과 같은 동물도 있었는데 정말 아름다웠다. 수에 관한 그들의 애정도 뜨거웠다. 단순한 취미가 아니라 나이 스물이 넘으면 시집 갈 때 반드시 지참해 가는 혼수품이기도 했기 때문에 밤을 새워가며 수놓기에 정성을 다 바쳤다. 구도는 단순하지만 섬세한 공정과 밝고 깊은 사랑의 마음이 담긴 것이라 내가 본 이 세상에서 가장 소중하고 의미 깊은 그림으로 지금도 먼저 떠오른다. 그 때 나는 수를 보면서 언뜻 이 그림은 여인들의 손거울에 담긴 꿈의 풍경이라고 생각했다. 수틀이라는 원형의 공간 안에 누나나 그 또래 처녀들의 기도와 연모의 대상을 정성들여 담아놓았을 것이기 때문이다. 김효이 시인의 시조집을 읽으면서 문득 그 추억의 풍경을 환기하게 된 것은 그가 선택한 형식과 내용들이 연주해내는 여운 때문이 아닐까 한다.

나의 이력은 내세울 것이 없다
안 보이는 내면도 그저 그런 곳일 뿐
화초에 물이나 주면서
세상을 맞고 싶다

–「손거울」 전문

손거울은 지금도 여인들이 애장하는 필수품이다. 핸드백을 열면 어느 여성에게도 손거울은 있으리라 생각한다. 식사를 하거나 차를 마신 후나 화장을 고칠 때 꼭 필요하기 때문이다. 위의 작품에서 화자는 화려하거나 비밀스런 '손거울'이 아니라고 스스로를 소개한다. 그리고 내면에도 다른 일상적 용도를 위한 것일 뿐 어떤 다른 목적도 내장되어 있지 않다고 말한다. 그리고는 "화초에 물이나 주면서/세상을 맞고 싶다"고 한다. 일상 속에서 세상을 비추며 살아가고자 하는 소박한 자세를 전하고 있을 뿐이다. 그러나 이 작품을 읽으면서 우리가 느낄 수 있는 시적 미감은 솔직하고 겸손한 동시에 꾸밈없는 세상을 담아보고 싶은 손거울의 미덕이다. 어쩌면 이 시조집 전체를 관통하는 그의 여일한 태도가 이 손거울의 자세가 아닐까 생각한다. 따라서 여기 실린 시조들은 손거울에 담긴 그림이라 해도 무방할 것이라고 나는 생각했다, 그처럼 그는 가식

없이 사물을 바라보면서 느낀 감정을 수를 놓듯 이 시조집에 정성 들여 담아놓았다고 말할 수 있다.

2. 다양하고 진솔한 서정의 세목들

그의 전통적인 서정 속에는 식물성 언어들이 주를 이루고 있다. 그 식물성 언어들은 그가 태어나고 먹고 자란 고향 의식과도 연관된 태생적이고 원초적인 미의식이다.

사는 게 빚이고
사는 게 상처인 세상에
언제나 변함없이
웃고 사는 마을이 있다
가진 것 없어도 좋은
그 언덕의 친구들

—「망초꽃」 전문

마당귀에 대추나무 한 그루 서 있다
가을이 노을처럼 잠시 머물다 갔다
눈 오고 비바람 불어
그림자만 남았다

—「대추나무」 전문

건들장마 피해서

담벼락에 숨어 있다가

이제는 시집가도 된다는 엄마 말씀에

볼그레

얼굴 붉히며

고개 드는 처녀애들

—「석류」 전문

고향 언덕에는 망초꽃이 피어 있었을 것이다. 그 언덕을 넘어 학교로 갔을지도 모른다.

그리고 세월은 흘렀다. 누구를 만나도 돈과 권세가 사람을 재단하는 세상에서 불편하지 않은 자리가 어디 있겠는가. 그러나 예외인 곳이 있다. 고향이다. 고향 친구들과 옛 얘기를 나누는 동안은 아무런 거리낌이 없다. 무슨 얘기를 해도 다 가슴으로 이해하고 서로 보듬어주기 때문이다. 여기서 "망초꽃"은 고향의 다른 이름이다. 수많은 그리움이 담긴 이름이다. "대추나무"도 그렇다. 시집가기 전까지 고향 마당 한 귀퉁이에 대추나무가 있었을 것이다. 가난한 시절 대추가 익기도 전에 따 먹다가 어머니에게 꾸중 듣기도 했을 그 대추나무를 생각하는 것이다. 어느 가을날 그가 사랑하던 어떤 어른들도 타계하시거나 이주하고 또는 더 살기 어려운 여러 조건 때문에 떠나고 이제는 대추나무를 상상하면 느닷없이 찾아왔던 우환들과 함께 떠오르는 것이 아닐까. 물론 이 시조가 나의 이런 상상과 꼭 같은 이야기를 간직하고 있을 수는 없다.

석류도 고향집에 빠짐없이 심곤 하던 유실수다. 꽃도 아름답지만 특히 열매인 석류는 맛도 좋고 보기에도 좋고 여성의 갱년기 극복에도 효능이 있다고 한다. 이 작품에선 루비 같은 석류 알을 묘사하는 것이 아니라 순박하기 그지없던 처녀들의 모습을 빗대어 그렸고 그 그림이 사향도가 되고 있다. 인용한 작품 외에도 등골나물, 단풍잎, 호접란, 양귀비꽃, 유홍초, 할미꽃 등을 보면서 그의 식물성 취향을 확인할 수 있다.

사월 햇살에
타닥타닥 타다닥

홍자색 물감 입힌
밥알 터지는 소리

이 봄의
에스트로겐이여
내 청춘의 피돌기여

-「박태기나무 꽃」 전문

같은 계열의 작품 중 독특해 보이는 작품이다. 박태기나무 꽃은 비교적 일찍 핀다. 선명한 색깔로 유난히 선정적인 느낌을 주는 꽃이다. 이 시인의 표현 성향으로는 대담하게 "에스트로겐"이나 "청춘의 피돌기"가 환기하는 바와 같이 적극적으로 여성성을 드러냄으로써 독자의 시선을 끈다.

김효이 시인의 이번 시조집 속에는 도시적 삶에서 얻어진 작품들도 물론 적지 않다. 우리나라 역시 다른 선진국이 겪어온 바와 같이 인구의 도시 집중과 농촌의 황폐화는 어쩔 수 없는 경험이었다. 그로 인한 여러 문제들이 농촌에서만 일어나는 것은 아니다. 인구가 밀집해있는 도시에서도 적지 않게 계속해서 일어나고 있다. 그와 관련된 작품을 몇 편 얘기해 보고 싶다.

따뜻한 봄이다 싶어
고개 넘어 쉴라치면
가쁘게 달려온 길
더 달려라 매질합니다
우리는
어쩔 수 없는
레일 위의 삶이므로

―「오늘」 전문

보고파 켰다 끄고
보고파 껐다 켠다
가까이 있진 않지만
가까이 느끼고 싶어
닫혔던 나를 꺼내어
너를 향해 타전하는

―「핸드폰」 전문

쉴 틈 없이 노동에 시달리는 일상이 있다. 끊임없이 외로워서 소통이나 사랑을 갈구하는 목마름이 있다. 어느 시대 어느 장소에서나 있어왔던 문제지만 너무 심각해서 노동자와 경영자의 충돌이 일어나고 있고 외로움이 극에 달한 사람들은 비극적 선택을 하는 사람도 점점 늘어난다. 위의 작품 외에도 이 시조집에 실린 「하늘」은 군중 속의 고독을 노래하고 「역」은 헤어짐의 고통을 노래하고 「QR코드」는 비밀의 일상화를 우울하게 드러낸다. 문명의 발달이 가져다 준 인간의 비인간화가 피할 수 없는 우리의 일상임을 시인은 수없이 노래한다. 아울러 이러한 일상의 고통을 덧내기도 하고 치유해 주기도 하는 여러 풍경들을 재미있게 시화한 작품들도 있다.

잠 못 드는 겨울밤
한쪽 어깨가 차갑다
이불을 당겼더니
다른 어깨가 저린다
그때는 왜 몰랐을까
차름차름
어머니 손길

– 「동지」 전문

내가 너 아니듯
너 또한 내가 아니다

살다보니 좋은 것만 좋은 것 아니더라

닮은 듯 닮을 수 없는

현실과 이상 앞에서

–「평행선」 전문

첫눈에 반해서

매입한 구두 한 켤레

설레는 마음으로

보고 또 신어보고

사랑도

이랬을 거야

종일 그대 생각하면서

–「구두」 전문

인용한 3편을 살펴보면 그의 시세계를 유추해볼 수 있다. 그는 유교적 교육환경에서 자랐으며 효성이 지극하고 동기간의 우애나 혈연의 정을 소중히 여기는 시인이다.

그 증거로 이 시조집에는 여러 편의 관련 작품이 있을 뿐 아니라 그를 아는 주위 사람들의 얘기가 한결 같다. 시제로 이 시조집에서 찾을 수 있는 것으로는 '가족' '부부' '아버지' '어머니' '핏줄' '삼지리 우리 이모' 등이 있다. '동지'는 그런 갈래의 한편이다. 겨울 가난한 어린 시절 좁은 방 모자라는 침구, 그러나 얼지 않게 고루고루 보살펴주시던 어머니를 회상하는 화자는 이미 성인이 된 또 한 사람의 어머니이다. 북한에서 주로 사용한다는 '차름차름'은 특히 어머니의 정성을 표현하는데 적확해 보인다. 「평행선」은 누구와의 관계를 말하고 있는 것일까? 친구와의 관계일까? 부부사이의 관계일까? 부모와 자식 간의 관계일까? 이상과 현실간의 관계일까? 어느 것이라도 상관없다. 독자들은 그 모두를 다 고려하며 읽을 때 상상의 범위가 더 넓어지고 풍요로워지기 때문이다. 그리고 인생은 늘 서로 맞추어가며 살 수밖에 없는 현실을 이해하고 용납해야 하는 것이 이치이니까.

「구두」는 생활의 기쁨을 사랑에 비유한 작품이다. 늘 우리의 일상이 고단한 것은 아니다. 긍정적으로 바라보면 얼마든지 삶의 기쁨을 발견할 수 있고 그 기쁨을 향유할 수도 있다. 이 시소십에서 전해주는 것처럼 하늘을 바라보며 명상에 젖을 수도 있고, '그대를 생각하며' 에스프레소를 마실 수도 있다. 불붙는 마음으로 타오르는 태화강을 바라볼 수도 있고 물 위를 노니는 오리 한 쌍을 바라보며 휴식을 가질 수도 있다. 이런 발견의 작은 기쁨이 우리의 삶을 여유롭고 생기 있게 한다. 그러나 우리는 우리가 몸담고 사는 세상의 모순이나 불의에 대해 이의를 제기하지 않을 수 없다. 물론 그 책임은 우리 스스로에게 돌아올 수도 있고 아니면 그런 문제점을 만들어내는 대상이 져야할 수도 있다. 또 어떤 때는 누구도 해결할 수 없는 미결의 과제로 남겨둘 수밖에 없는 인간의 숙명인 경우도 있다. 아무튼 반성적 자각이건 분노건 그 분노의 유예건 우리는 우리를 억압하는 여러 이름의 부자유에 대해 고민하고 항의해야 한다. 그러한 노력이 궁극적으로 문학을 하는 의미 있고 아름다운 이유를 만들어준다. 이러한 기대에 답하기 위해 그는 세 편의 명상시를 내어 놓았다.

어둠 속에는 그림자가 없다
그림자는 자신을 비추는 거울이다
어느 날 빛이 스밀 때
비로소 눈을 뜬다

—「그림자」 전문

눈앞의 벽만이
세상의 벽은 아니다
닫힌 마음 때문에
돌아선 벽도 있다
무연히 나를 가두는
내 일상이 모두 벽이다

—「벽」 전문

길을 걷는다 눈을 감고 걷는다
열 발짝도 못 가서 다시 눈을 뜨고
조용히 뒤 돌아본다
걸어온 길 찾을 수 없다

—「길」 전문

그림자는 어둠 속에 묻혀있다. 카오스다. 거기에서는 자신의 존재를 찾을 수 없기 때문이다.

빛이 있을 때 그림자가 있는 것이다. 그렇다면 그림자는 무엇인가. 빛의 반대 개념이다. 그러나 빛이 있을 때 그림자가 있다면 공생의 관계가 아닌가. 정의의 개념이 확립될 때 불의의 개념이 확립된다고 말할 수 있다면 이 시구는 자신에게나 사회에 대해 얼마나 통렬한 반성을 촉구하는 의미 있는 외침인가. 작품 「벽」은 우리를 둘러싼 벽에 대해 말하고 있다. 나부터 벽을 부수어야 한다고 외치고 있다. 벽은 언제나 벽을 만들고 스스로는 벽이 아니라고 말한다. 벽은 소통을 가로막고 일상마저 어렵게 한다. 벽을 찾고 벽을 부수는 일은 나 스스로부터 시작되어야 한다. 지금까지 별 의식 없이 살아온 자신의 과거를 회고하고 반성한 결과 스스로의 삶의 의미 없음을 확인하는 것만큼 처절한 비극이 있을까. 이런 경우 심각한 존재의 회의가 다가올 것이다. 명상시로서 하나의 명제처럼 놓인 이 작품은 삶의 엄중함과 무서움을 증언함과 동시에 반성적 삶을 촉구하는 진중한 작품으로 읽히리라 생각한다.

3. 맺으면서

심효이 시조의 본질은 서정성이다. 그의 서정시는 짧고 고적하고 내성적이다. 들릴 듯 말 듯 달밤에 멀리서 누가 부는 단소 소리만큼이나 아련하다. 단시조의 어휘들이 있는 듯 없는 듯한 메시지를 담고 독자들의 문전에 당도하고 있다. 작고 가냘픈 소리지만 진솔하고 단호하다. 그의 노래들은 현실에 기반한 상상력의 소산이어서 공소하지 않고 절제되어 있다. 앞에서 언급한 바와 같이 서정성을 보여주는 세목들은 다양하고 풍요롭다. 고향의식, 전통적 서정성, 도시적 서정성, 생활 속의 서정, 단호한 현실비판의 목소리, 효의 정신과 겸손과 배려의 미덕, 이 많은 것들이 손거울에 비치는 풍경처럼 그의 작품에 담겨 있다. 세련미 면에서나, 아직은 자유롭지 못한 어사 동원 능력 면에서나, 3장으로 사려놓은 시조 가락의 유연성 면에서나, 더 노력하고 극복해야 할 내일의 과제가 물론 적지 않다.

화장의 피어리드는 립스틱을 바르는 것
입술은 얼굴을 위한 단호한 하나의 불꽃
열어도 열리지 않는
빙벽 같은
그 벼랑에서

–「입술을 위한 에세이」 전문

말이 인플레이션 되어 남루한 걸레처럼 떠도는 시대, 수많은 사기와 배신과 음모가 뉴스를 도배하는 시대에 시인은 입술의 중요성을 화장에 빗대어 이렇게 표현하고 있다. 소통할 수 없는 벼랑에서도 입술은 얼굴을 표현해내는 단호한 불꽃이 될 수 있을까? 수많은 사람들이 수십 개의 입술을 가지고 살아가는 이 지구의 인간사회에서 입술의 중요성을 외치는 이런 시작은 그의 문학적 진정성을 담보해주는 중요하고 의의 있는 개성이다.

그러나 많은 말을 해야 어느 정도 서술해낼 수 있는 '오늘'이라는 현실 앞에서 무서운 형식 실험이라고 할 만한 단시조집 한 권을 그는 고백성사 치르듯 만들어 불쑥 내어놓았다. 그의 이런 겸허한 자세와 용기 있는 시도와 시적 진정성만으로도 가치로운 미덕이다. 따라서 이 시조집은 평가받아야 한다고 나는 생각한다. 첫 시조집 발간을 진심으로 축하하며 더욱 정진하여 더 새롭고 다양한 시조의 개척에 헌신하길 바라고 또 기대한다.

사랑이 길어 올린 순정한 서정의 세계

– 이은정 시조집『서걱이다』

1 .

이은정의 시조집을 읽으면 어느 여고생의 일기장을 보는 것 같은 느낌이 든다. 그의 시적 시선은 선하고, 담백하고 따스하다. 고사古寺를 노래하거나, 신문을 노래하거나, 혹은 이별을 노래할 때도 세상의 그늘을 찾기 위해 아프고, 추악하고, 슬픈 사건을 복잡하게 끄집어내어 난도질 하지 않는다. 또 여러 이미지를 중복시켜 이해를 어렵게 하지 않는다. 물론 그런 난삽한 작품들은 그 나름의 이유가 있겠지만 나는 이은정의 이런 취향을 비교적 좋아하고 지지하는 편이다. 가능하다면 짧게, 가능하다면 쉽게, 가능하다면 아름답게 노래하는 시를 좋아한다. 그런 작품들이 서정시의 전범이라고 말할 수 있기 때문이다.

오월은 붉어서

천지가 붉어서

산딸기 옷자락에 숨어있는 불씨처럼

뜨겁다

한없이 뜨겁다, 달구어진 인두처럼

달팽이 느린 걸음도 쉬어가는 정오에는

땅 파던 농부들 짧은 낮잠에 들고

네모난 창 너머에는

푸른 바람이 넘실거린다

—「오월」 전문

건강한 오월, 의욕에 찬 오월, 싱싱하고 아름다운 오월, 끊임없이 움직이는 오월… 어느 정겨운 농촌 풍경이 수채화 한 폭으로 펼쳐진다. 긍정적이고 희망적인 에너지가 빚어낸 작품임을 금방 알 수 있다. 난마처럼 얽힌 복잡하고 어려운 문제가 득실거리는 세상에서 이런 작품을 읽을 때 우리는 밝아진다. 이 시조를 읽으며 시대를 외면한 것이라고 비방할 수 있을까. 어림없는 단세포적 발상이다. 세상의 모습을 아름답게 보고 어떤 어려움도 견디려는 노력이 더 소중할 수도 있다. 그리고 작가가 세상을 바라보는 눈은 다양하다. 예술가들은 특히 그런 개성을 가진 사람들이다. 그 개성의 발현이 각기 다른 작품을 창작한다. 다양함이야말로 예술의 생명이다. 때문에 우리는 여러 시집을 읽고 자신만의 생각과 느낌으로 확장시킨다.

너와 나 사이에 서걱이는 그 무엇은
색색의 마음 닮은 낙엽이 그러하듯
속이 빈 현악기처럼 아픈 소리를 낸다

가을은 잔물결로, 속삭이는 실비로
그렇게 다가와 스치듯 지나가고
잠깐만 한 눈 팔아도 나를 잃어버린다

너와 나 사이에 뜨겁던 사랑도
몇 번의 이유 없는 소리로 서걱거렸고
우리가 하나일 때도 가을은 가끔 슬펐다

—「서걱이다」 전문

애잔한 추억의 반추다. 젊은 날의 회상곡이다. 누군들 이런 경험이 없을까, 그래서 소야곡을 듣는 것처럼 커피잔을 앞에 놓고 혼자 이 작품을 읽으며 공감의 미소를 지을 수 있을 것이다. 어쩌면 부부가 되어 함께 사는 사람에게도, 이미 다른 인연이 되어버린 사람에게도, 한 때의 충격과 전율을 한 청춘의 사건으로 편입하여 객관화된 눈으로 이 작품을 읽는다면, 한층 더 아름다운 추억을 소환할 수 있을 것이다. 그때의 고통이, 그때의 달콤함이, 어제처럼 환기되면서.

역사적 사건에 대응하는 이 시인의 마음가짐을 다음 작품에서 살펴본다.

아파서 너무 아파서 통증마저 사라진
눈물겹던 그 시절의 역사를 간직한 채
삭막한 시간의 강이 조심조심 흐른다

아무리 씻고 씻어도 사라지지 않는 이름들
그대로 묻어둔 채 모른 척 살아내는
자꾸만 뒤돌아 보이는 우리들의 일기장

해마다 오월이 오면 거북한 속울음
처방약도 듣지 않는 아침을 받아들고
내일의 꿈을 위하여 나는 나를 다독인다

—「5 · 18」 전문

1980년 5월 18일에 일어난 '5 · 18 광주민주화운동'을 제목으로 한 작품이다. 이런 거대한 파노라마 같은 역사의 소용돌이 앞에서도 그는 안으로 울음 울며 자신의 위선을 책망하고 반성한다. 그리고 "내일의 꿈"을 위해 자세를 가다듬음으로 스스로 치유의 길을 찾아낸다. 모든 사람들이 같은 행동을 할 수도 없고 그런 기회가 오지도 않는다, 그러나 그는 이 땅의 지성인으로 그 상처가 얼마나 큰 것이고 얼마나 중요한 사건인가를 작품으로 표현하고 있다.

다음 작품은 시각장애인과 관련된 작품이다.

울퉁불퉁 멍울진
도로가를 지나가면
햇볕에 그을린 커다란 손바닥처럼
노란색 페인트 벗겨진 거미줄이 보인다

발아래 느껴지는 다른 촉각들을
외면하고 지나가는 바쁜 걸음 앞에
다리가 셋인 사람들이 말줄임표로 서 있다

아프게 쥐고 있는 지팡이를 의지한 채
행여나 넘어질까 숫자 세는 신호등처럼
문밖엔 아픈 신호음이 지금도 깜박인다

–「촉지도를 걷다」 전문

과학이 고도로 발달된 현대사회에서도 장애인들의 불편은 곳곳에 산재해 있다. 그런 풍경을 포착해서 비장애인은 무심코 지나칠 수 있는 그들만의 고통을 촉지도를 통해 노래하고 있다. 정상적인 사람들 속에서 촉각으로 주위를 인지해야 하는 시각장애인의 아픔은 적지 않을 것이다. 그들을 "깜박"이는 "아픈 신호음"이라고 환기시켜주는 이은정의 눈은 이렇게 사회적 약자의 편에 서기도 한다.

우리사회의 비판적 담론 제기의 역할을 담당하는 신문에 관한 다음 작품에서도 대상을 보는 그의 눈은 비교적 색다르다.

우리는
가슴에
철문 하나
달고 산다

타인의 아픔까지
특종으로 옮겨놓고

테러다
최악의 참사다
재미있게 읽고 있다

우리는
가슴에
사막을 안고 산다

자고 나면 전해지는
눈물 마른 장례행렬

아직은 남의 일이라고

태연히 읽고 있다

—「신문을 펼치면」 전문

신문을 가지고 시상을 가다듬는 대부분의 시인들은 전망부재의 세상에 대한 암울한 메시지를 떠올리기 쉽다. 당연히 거기에 알맞은 이미지들을 생각해낼 것이다. 그래서 비정한 사회나 무책임한 주최세력이나 타락한 사회에 대해 분노의 화살을 날리며 의분해 하는 것이 흔히 볼 수 있는 작품의 내용이다. 그런데 이 시인은 오히려 남의 슬픔을 태연히 읽고 있는 자신을 포함한 우리들을 비판한다. 아픔은 우리 모두의 것이어야 한다는 주장이다. 이러한 그의 세계관은 나와 우리를 함께 사랑하는 포용의 세계관에서만 나올 수 있는 넓은 상상력이다. 사랑의 마음이 없으면 불가능한 사고다. 그의 이러한 눈은 타계한 시인과의 관계에서 더 뜨겁게 드러난다.

갑작스레 그녀와 이별하는 순간에
먹먹하고 먹먹하여 밥알이 엉겨 붙어
턱까지 차오르는 한숨 구덩이를 파고 있다

계절과 계절 사이 똑같은 하늘인데
무심한 시간들 소리 없이 빠져나가
밥 한번 먹자는 안부도 전하지 못했다

이, 저승 거리야 헤아릴 수 없겠지만

내다보면 이미 온 봄 모란이 너무 붉어서

무심히 휴대폰 열고 번호를 찾고 있다.

–「관계」 전문

그가 평소 언니처럼 따르던 한 시인의 갑작스런 죽음을 소재로 해서 쓴 작품이다. 오랫동안 안부를 전하지 못한 채 밥 한번 같이 못 먹고 보낸 이별에 대해 아파하고 있다. 지금껏 휴대폰 번호도 지우지 못하고 무심코 전화번호를 누르곤 한다. 타계한 아버지에 대한 얘기도 같이 이 시조집에 담겨 있다.

혈육에 대한 정을 노래한 작품으로는 다음 작품이 있다.

오월엔 하늘도 표정이 예뻐서

파랗게 노랗게 푸르게 웃음 짓고

내 맘도 햇볕 좋을 때 내어다 말린다

가끔씩 강짜 부리던 아이도 어른이 되어

카네이션 가슴에 달아주는 두 손이

그 귀한 시간을 닮아 조금씩 공손해졌다

하하 호호 문밖으로 새어나오는 웃음소리

지나간 시절은 꿈처럼 아름다워서

행간의 사잇길들을 자주 펼쳐 보곤 한다

–「가족사진」 전문

남편, 아들과 세 식구로 구성된 단란한 가정을 꾸리고 있는 그에게 이 작품에서 읽혀지는 것은 본인이 자랄 때의 추억을 들추고 있지는 않은 것 같다. 하루하루 아름다운 추억을 쌓으며 살아온 시인은, 별 탈 없이 꾸려온 가족 구성원 간의 정에 감사하면서 함께 찍어 모아 두었던 사진들을 자주 펼쳐 보곤 하는 것 같다. 평범한 소시민에게 이처럼 행복한 시간이 또 있겠는가, 물론 나라도, 친정 부모도, 격변하는 국제관계도 그에게 근심의 대상이 아닐 수 는 없을 것이다. 그러나 그에겐 마치 조선시대 아낙네들의 내간체처럼 소소한 일상에 더 많이 눈길을 주며 자신의 역할을 다하고 살아가는 모습이 친근하고 정겹게 비친다.

2 .

앞에서 살펴본 바와 같이 그의 언어들은 부드러운 구어체로 흐르고 있으며, 그의 시적 시선은 선하고 그의 모든 작품들을 받치고 있는 근원은 사랑이라는 것을 확인할 수 있다. 그는 시조를 새롭게 쓰려고 과한 모험을 하지 않는다. 그리고 어렵게 쓰려고 사건을 비틀지도 않는다. 생각나면 일기 쓰듯 메모해두었다가 어느 날 그만의 색깔로 작품의 최종 옷을 입힌다. 그렇다고 해서 성의 없이 쓰는 것도 아니다. 그의 시조는 그의 생활과 거의 일치하는 기록들이다. 그만큼 진정성 있는 작품이다. 앞서 살펴본 내용들을 정리해 보아도, 여러 분야에서 그가 보여주는 내면 풍경은, 삶을 관조하는 견자의 자세라고 이름 붙일 수 있을 만큼 조심스럽고 진실하다. 이 시조집에 실린 사랑의 세목들을 다시 정리해본다면, 사회적 약자에 대한 배려, 역사에 대한 관심, 이성적 사랑, 가족간의 사랑, 사랑을 깨우치는 노래에서 이미 이승을 떠난 사람과의 인연까지, 마치 한 올 한 올 수를 놓듯, 아니면 혼잣말로 속살거리는 듯한 느낌으로 시화시켜 놓았다.

내소사엔 아직도 꽃봉오리 맺혀있다
꽃살문 사이사이 천여일이 맺혀있다
바래고 지워진 세월 결 따라 맺혀있다

사미승 두고 간 마음 한쪽 들여다보면
아득하고 아득하여 목탁소리 처연하다
몇 번의 업을 닦아야 꽃봉오리 피어날까

내소천 가도 길러 살아나는 시간들
물이 되고 흙이 된 사람들을 잊지 못해
천년의 대웅보전 곁에 꿈결처럼 맺혀있다

—「내소사 설화」 전문

내소사나 거기 있는 꽃살문은 이미 많은 관광객이 즐겨 찾는 아름다운 건축물이다. 사미승과 화공의 일화가 곁들여진 설화를 품고 있는 명찰이기도 하다. 그 모든 것을 아울러서 이은정은 이 작품을 완성했다. 이 작품의 장점은 한두 가지가 아니다. 쉽게 몇 가지 예를 든다면 자연스레 흐르는 가락의 묘미, 설화를 은밀하게 곁들여 엮은 스토리, 육화된 이미지들 그리고 역동적 느낌 등이 있다.

항상 안 보이는 곳에서 헌신하고 애써 자신을 나타내지 않는 그에게 이번 시조집 간행만 해도 커다란 용기라고 주위에서 얘기한다. 그는 많은 재능을 갖고 있는 시인이다. 그러나 그의 조심성이 얼마만큼 시조에 집중할 수 있는 시간을 확보해낼지는 아무도 모른다. 다만 그의 삶을 경영하는 태도와 사물을 바라보는 긍정적인 시선이 앞으로 자신만의 시세계를 완성해 나가는데 든든한 디딤돌이 될 것이라 확신한다. 이번 시조집의 발간을 출발점으로 그의 재능이 시조문학의 내일을 위해 한껏 꽃피기를 희망하고 기대한다.

LEE YU GEL ESSAY

II

사물을 바라보는 균형 잡힌 시선

– 김승봉 시조집 『낯선 곳에서 길을 묻다』

1.

숭문崇文의 분위기가 득세하던 시대에는 시가 하나의 출세 혹은 처세의 수단이었을 것이다. 지금도 그런 교양을 일상화하는 모임 얘기를 가끔 듣는다. 안동지역 학자들의 한 친교모임에서는 영문학자, 국문학자, 사회학 전공 학자들이 모여서 재미로 한시를 지어서 나누어 읽고 있다는 얘기를 전해 들었다. 그들은 오랜 정을 나누어온 고향 사람들로서 변함없는 친교 방법으로 한시를 선택한 것이다. 조선조 때엔 이런 류의 모임이 수도 없이 흔했으리라 생각한다. 주음종사였넌 시절의 시조는 누가 가사를 지었는가보다 얼마나 즐겁게 부르고 분위기를 돋우는가가 중요하지 않았을까. 그래서 무명씨의 시조가 많고 어떤 시조의 경우 기록 서적에 따라 작자가 바뀌기도 하는 것이다. 그리고 시조가 대중의 사랑을 가장 많이 받았을 때는 오늘의 유행가 같은 시절가조를 부르며 즐기던 그 시절이 아니었을까 생각한다.

김승봉 시인의 작품은 이 시대에 거짓 없는 일상을 잘 담아내어 시조를 사랑하는 사람과 교감하고자 하는 생활시의 면모를 짙게 드러낸다. 이 얘기는 문학작품으로서 문예 미학적 욕구보다는 건강하고 즐거운 삶을 노래한다는 것이다. 그의 작품은 개인의 창작 욕구 충족은 물론 소속 사회와 나아가 우리의 정서순화와 화평에 기여하고자 하는 공적 욕구가 강해 보인다. 독자에 따라 의견을 달리 할 수 있겠지만 나는 그를 만난 후 곧 그런 인상을 받았다. 그는 병역의무를 특히 애국정신이 투철하고 전투력이 강한 해병대에서 수행했고 향토 유일의 문예창작과가 있는 창신대학에서 창작 공부를 했으며 《현대시조》를 통해 등단 후 지금은 통영지역에서 생업과 문화예술단체 활동을 성공적으로 하고 있는 지역문화계의 지도급 인사다. 아울러 그는 품이 넓고 거침이 없는 호쾌한 품성을 지니고 있다. 이러한 그의 일상 활동을 유추해 보면 사회적 역할에 한층 충실한 시인이 아닌가 생각된다.

2.

김승봉의 시조들은 소재 면에서 크게 한쪽으로 치우쳐 있지 않다. 고향에 대한 시조가 많지만 군대생활 30개월을 제외한 60여 년을 오로지 고향에서만 살았다고 생각하면 오히려 당연할 것이다. 그 외에도 그 나름의 관심은 여러 곳을 향해 열려 있다. 그 예를 다음의 여러 작품을 통해 살펴보려 한다.

앞서 언급했던 고향 관련 시편을 두 편 감상해보자.

어물 칸에 갇혀버린

어족 같은 어부의 삶

한물간 시력만큼

기울어진 무딘 촉각

물길을

열어 재낄 땐

흥이 한껏

솟는다.

—「어부」 전문

사는 게 힘겨우면 바다낚시 떠나자

푸른 빛 빗살무늬 위태하게 흔들리는

빗금 신 바위틈 새로 갈증 끝에 내린 뿌리.

집채만큼 거센 파도 벼랑을 내려칠 때

일상에 묻은 때를 말끔히 씻는 것을

근심도 저리 물렀어라 스스로 달래는 곳.

천 갈래 흔들리며 꿋꿋하게 살은 해초

제 몸 하나 가누기도 힘에 부친 겨울 바다

다시마 가는 뿌리가 억척으로 삶을 사네.

—「낚시4」 전문

60년 적지 않은 세월 그는 고향에서 태어나서 고향에서 생업을 이어가는 어부다. 지금쯤 "어물 칸"에 갇혀 살아온 그에게는 시력도 희미해질 무렵이고 따라서 촉각도 젊은 시절만큼 예민한 감성을 갖기 어려운 때다. 그러나 종장에서는 긍정적 힘을 실어놓는다. "물길을 열어 재낄 때"는 "흥이 솟는다"는 종장의 표현이 그렇다. 그에게 내재되어 있는 직업의식과 향토사랑의 마음이 실린 표현이다. 「낚시4」 역시 고향 사랑과 관련된 작품이다. 여기서 낚시는 낭만적이지만 이 작품에서는 일상의 지겨움을 극복하는 자기 단련의 방법이다. 외국이나 국내 명승지에서 그냥 해보는 여행자의 낚시도 아니고 술 취한 가객이 어부의 배를 타고 취흥을 즐기는 낚시도 아니다. 어부로 사는 일상이 때로 지겹거나 힘들 때, 파도에 고된 마음을 씻기도 하고 억척스럽게 뿌리를 내린 해초를 보며 삶의 힘을 얻는 낚시다.

또 이 시인은 고향 사랑과 구분하기 어려운 혈연에 대한 시조를 많이 쓰고 있다. 어머니나 아내나 아우, 아들을 시제로 하는 여러 편의 작품이 있어서 일부러 구분해서 2편 살펴보기로 한다.

수숫대 남새 울타리 이랑마다 일군 정성
차디찬 달빛 밟고 치성 빌러 나서던 밤
야밤에 눈 뜬 큰 별이 일렁이던 사리물 때

부르튼 시린 손마디 얼굴엔 고운 주름
여명이 한참인데 추위가 엄습하면

잠이든 아홉 남매를 다독이던 그때를

이 아들 걱정이고 저 아들 품에 안던
구 남매 소원성취를 함장하며 지새던 밤
그 모습 이젠 아서라 메어오는 연상들

임종을 앞에 두고 일일이 당부하던
당신의 몸에 배인 고운 심성 헤아리며
어머니 내리 사랑에 끝이 없는 사모곡

–「사모곡」 전문

맨땅이 하도 좋아 민들레 홀씨였네
비탈진 밭 땅을 일굴 꿈에 젖은 신혼 있어
뽀얗던 그대 얼굴도 샛바람에 영글었네

비릿한 갯내음 단 하루도 마다 않고
앉은뱅이 꽃이었듯 떠나지를 못한 나날
그 세월 얼마였던가 출렁이던 삶의 이랑

겨운 날 바닷길을 묵묵히 동행했네
아내의 길 엄마의 길 늑골에 새기면서
다 닳은 그대 가슴에 저미는 아픔 보았네

–「아내2」 전문

인용한 두 편은 가족 사랑에 대한 그의 열정을 읽을 수 있는 작품이다. 사모곡은 많은 시인들이 노래한 시제다. 그럼에도 불구하고 누구나 한 편씩은 쓰고 싶어 하고 또 써야 한다. 그만큼 어머니의 은혜는 크기 때문이다. 나서 키우고 빌고 심지어 돌아가실 때까지 못 믿어 부탁하는 어머니의 지극한 사랑이 섬세하게 표현되어 있다. 다 겪을 수 있는 어머니의 고마움인데 절절하게 가슴에 닿는 것은 함께 공감할 수 있게 하는 이 시조의 진솔한 표현의 힘이 아닐까 생각한다. 아내에 대해 노래한 「아내2」도 마찬가지다. 가난하고 열악한 환경인 어촌에 시집 와서 갯일 마다 않고 아이의 엄마 역할, 어부의 아내 역할을 불평 없이 하는 아내를 사랑하지 않을 수 있을까. 내가 이 부부를 처음 본 날도 부인은 방송통신대학 리포트 때문에 밤샘을 하여 피곤한 기색이었다. 그런 성실하고 알뜰한 삶의 지혜를 보더라도 이 시인의 아내 사랑은 깊고 유난해지지 않을 수 없으리라

다음은 꽃에 관한 작품들이다.

말갛게 눈 튀었네
입춘 들자 뜰 안 화두
흰칠한 꽃봉오리
몰래 숨긴 밀어 있어
아무도
범접치 못하네

난리 법석

이 난장판

— 「매화」 전문

몸 둘레 돋은 가시

그곳에서 밝힌 호롱

네 살을 도려내도

선인장만 구슬프랴

옹그린

고슴도치네

핼쑥해진

눈매네

— 「선인장 꽃」 전문

사리분별이 확실할 뿐 아니라 매사에 맺고 끊는 분명하고 거침이 없는 이 시인이 꽃을 유난히 좋아하고 시작의 오브제로 하는 줄은 몰랐다. 매화, 장미, 채송화, 민들레, 해당화… 이렇게 많은 꽃들에게 이 시인은 인사를 띄운다. 이런 현상은 타고 난 그의 식물 친화적 감성과 섬세함 때문이라 단정할 수밖에 없다. 그의 내면에는 이런 다정다감한 심성이 자리하고 있다

「매화」에서 그는 정적인 모습을 그려놓고 고상한 그 품격 속에

숨은 동적인 요소를 시인의 상상력으로 읽어낸다. 「선인장 꽃」에서 그는 두 가지 미덕을 발견한다. 첫째는 가시를 지녔지만 꽃을 피운다는 사실, 또 하나는 강인한 생명력이다. 두루 아는 바와 같이 선인장은 잎을 잘라서 심으면 번식이 되는 강인한 생명력을 지닌 식물이다. 그는 이 선인장을 노래하며 그 꽃을 자신의 아내 같다고 생각했는지도 모르겠다.

인터넷 접속하며 내비로 찾아온 고객
오래 된 지기처럼 헤픈 웃음 건네주며
요금은 이채한다며 바쁜 듯이 떠나갔다

며칠이 지나가서 어렵사리 연결된 폰
핑계아래 위기를 모면 했나
그 이후 고객의 요청으로 통화할 수 없는 폰

떠나간 사람들의 오염된 뒷모습 본다
우리가 만들어낸 자화상을 떠올린다
뇌리에 탈 신용사회가 유별나게 반짝거린다

–「탈 신용사회」 전문

평화론 날들에도 전운이 감도는 날
사납던 맹수들의 날카로운 눈빛 있다
쓰러진 어린 사슴의 맑고 밝은 영혼이여

숱한 나날들을 짓밟히며 살면서도
말할 수 없는 것이 갑과 을의 관계라며
혼자서 속으로 우는 수풀 속의 렌의 애가

갑 속에도 을이 있고 을 속에도 을이 있다
수없이 쓰러져간 을들의 행렬 앞에서
차라리 검불로 덮인 푸른 초원 닮고 싶다

—「신문을 읽으며2」 전문

사회비판의 성격을 지닌 작품이다. 첫 번째 작품은 실생활에서 만난 사기범에 대한 이야기를 시화하고 있다. 우리가 선진국이라고 부를 만한 나라가 되기에는 아직도 요원하다고 강조하고 싶은 국민 계도의 메시지가 깔려 있다. 흔히 방송이나 신문기사에서 보곤 하는 내용이다. 두 번째 작품에서는 약육강식의 비정상적인 사회에 대한 자신의 의견을 강하게 드러내고 있다. "차라리 검불로 덮인 초원을 닮고 싶다"는 연약한 자의 어설픈 도피가 아니라 일종의 처절한 분노의 표시다.

섬들이 수반 위에 수석처럼 솟은 형국
깎아지른 벼랑마다 타오르는 하롱베이
천상의 조각품인가 눈길 닿은 무릉도원

낮은 곳 향하라는 친절한 주의 환기에

썰물 때 배를 띄워 머리를 조아리며
갯바위 동굴 속에서 몸을 맡긴 오후 한 때

눈부신 이국의 궁궐 용을 품은 바다일레
싱그럽게 다가오는 그대 향한 바람이여
억년을 간직하리라 남지나해 보물이여

—「하롱베이」 전문

삶이 버거울 땐 비슬산을 찾아가자
우주를 가늠하는 대견사 3층석탑
무상에 무아를 찾아 탑돌이에 열중하자

천년 암반 위에 땀을 흘린 네 바위여
뇌성벽력 고드름에 모 난데를 흘리면서
좌불로 성불한 부처 실감나게 할 걸세

어렵사리 치어다본 절경도 흥한 그곳
비 오면 몸에 젖고 눈 쌓이면 신의 차림
천년을 묵묵한 석탑 누린 자태 보리라

—「대견사지 3층석탑」 전문

베트남에 있는 관광 명승지로 널리 알려진 하롱베이와 경북 현풍 비슬산에 있는 대견사지 3층 석탑을 노래하고 있다. 여행 중의 스케치에는 주로 자신의 감정을 담는 경우가 많지만 그는 철저히 대상인 명승지를 먼저 그리고 그 다음 순서로 그 위에 자신의 감정을 얹는다. 대견사지 3층 석탑의 노래에서도 마찬가지다. 석탑의 스케치에 열중하고 관련 종교인 불교를 개입시켜 그 시야를 확대한다. 그런 그의 눈이 일반 관광객과 다른 이 시인의 심미안임은 물론이다.

3.

이제 김승봉 시인의 작품세계를 주마간산 격으로나마 살펴보았다. 그는 언어미학 면에서도 수련을 거친 시인이며 균형 잡힌 안목으로 세계를 수용하고 반응하는 시인임을 확인할 수 있었다. 구체적으로 재론하면 고향을 사랑하고 혈족과의 인연을 소중히 여기고 꽃을 사랑하며 잘못된 세상을 질타하고 명승지나 문화유적들을 섬세하게 바라볼 줄 아는, 사물에 대한 여러 시각에서의 미의식과 감식안을 지닌 시인이라는 사실이다. 그의 시조에 공감을 표시하는 독자는 그의 이러한 심미인과 진정성의 미덕을 신뢰하고 또 발견했기 때문일 것이다. 그럼에도 불구하고 들머리에 내가 그의 공적의식을 거론한 것은 그가 살아온 빈틈없는 삶이 문학적 자유보다 올바르고, 밝고, 진전된 사회를 더 열망하는 시인이라는 예견 때문이다. 어느 것도 다 소중한 시인의 사명일 수 있다.

시인은 한낱 매미 울음소리 같은 시를 쓰지만 때로는 그 작은 울음소리가 예언자의 역할을 할 수 있고 병든 사회를 변정하는 각성제가 될 수도 있고 약자 콤플렉스에 빠진 민족에게 인내와 자긍심을 불러일으키는 동력이 될 수도 있다. 천여 년을 지녀온 이 땅이 불러낸 우리 민족의 노래인 시조에 혼을 심는 일은 이 땅의 아들딸로 태어난 우리에게 주어진 일종의 소명이라고 나는 생각한다. 부디 진력하여 시조발전에 큰 역할을 함과 동시에 우리가 사는 세상의 발전에 기여하는 멋진 시인이 되길 기원하며 축하의 꽃다발을 드린다.

LEE YU GEL
ESSAY

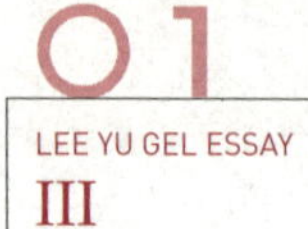

《현대시학》 창간 50주년에 부쳐

추억을 반추하며

1973년에 나는 처음으로 충정로에 있는 현대시학사를 찾아갔다. 현대시학사 신인추천제도에 응해서 3회 추천을 완료한 때가 그 해 10월이었다. 전봉건 선생께 인사를 드리기로 마음을 먹었지만 시간이 여의치 않아 겨울방학 때 겨우 틈을 내어 현대시학사를 찾아간 것이다. 으리으리한 건물은 아니라도 책의 이미지를 생각해 볼 때 주간실이 있고 편집실 직원은 10명쯤은 되지 않겠나 하는 생각을 했다. 그런 나의 예상을 여지없이 깨고 그곳은 좁은 골방에 야간학교에 다니는 전화 받고 교정을 돕는 여고생과 전 선생뿐이었다. 온열기구도 인민군이 두고 간 듯한 작은 램프 같은 것 하나가 전부였는데 어쩐지 그런 분위기는 한국시단의 미래를 새롭게 열어가는 《현대시학》이 지닌 긴장감 같은 것으로 느껴졌다.

선생은 과묵하셨지만 따뜻했고 검소했다. 점심식사를 위해 이

층 복도를 내려와서 원하시는 식당을 찾아갔는데 그 곳은 순두부 백반 집이었다. 더 좋은 곳에서 대접하고 싶었지만 서울 지리에도 어둡고 선생의 생각도 완고하셔서 어쩔 수 없었다. 그렇게 허술한 식사를 마치고 내가 드린 선물은 수석이었다. 친구들 전언에 따르면 수석을 좋아하신다고 하셨다. 나는 간직하고 있던 남해 은점에서 캔 형상석 두 점을 내어놓고 회심의 선물이라고 생각하며 환해지실 미소를 기다렸다. 그러나 선생은 단호하셨다. 못 쓰는 돌이니 버리라는 간단한 말씀이었다. 그리고 민망해하는 나를 보곤 빙그레 웃으시며 커피하우스로 이끄셨다. 그리고 시에 대한 여러 얘기를 하셨다. 그 후 그 찻집 그 사무실을 수없이 들락거리면서 신인 소개도 하고 시도 시조도 산문도 쓰면서 나의 작품 활동과 문단의 교우관계가 활기를 얻을 수 있었다.

《현대시학》이 탄생된 이전과 이후는 엄청나게 달라진 셈이다. 《현대문학》에 일 년에 시 한 편 발표하는 것이 평생소원이었던 그 당시의 시인들에게 5편의 신작시나, 10편의 소시집을 한 회에 소화하는 무대가 되었고 달마다 월평 난을 통해 엄정한 비판의 장이 이루어짐으로써 시단 전체에 작품발표의 진중함을 깨우쳤다. 또 창작만 해온 시인들이 월평을 맡아서 비평가의 입장에서 작품을 객관적으로 검토하고 공부할 수 있는 기회를 가질 수 있었다. 아울러 현대시조 초유의 사건이라 할 수 있는 시조 월평 난을 만들어 시조에 관한 담론 생산이 가능해져서 현대시조의 전성기를 이루는 계기가 되었다. 그리고 《현대시학》 작품상을 만들어서 좋은 작품을 발표한 시인에게 영광스런 자리를 만들어주는 역할도 했다. 또 뛰어난 외국 시인들의 작품도 소개하여 외국문학에도 관심을 보여주었다. 장시도 연재하곤 했는데 가령 박두진 시인의 「수석열전」이나 구상 시인의 「모과 옹두리에도 사연이」, 김춘수 시인의 「처용단장」 등은 《현대시학》에 연재되어 독자들의 환영을 받은 뒤 시집으로 나오기도 했다. 연재 산문으로도 특히 기억에 남는 것은 박용래 시인의 「호박잎에 모이는 빗소리」이다. 작은 제목을 붙여서 달마다 연재된 이 산문들은 박용래 시인 특유의 감각으로 우리의 토속정서를 잘 살려낸 그의 시처럼 독자의 가슴에 닿는 아름다운 산문으로 기억에 남아있다.

신인배출에도 엄격했던 것으로 알려져서 현대시학사의 문을 두드리는 지망자가 많았다. 그 동안 배출된 시인 몇 사람을 소개하면 자유시의 경우 조정권(1970년), 이하석(1971년), 조창환(1973년), 한영옥(1973년), 최승호(1977년), 시조의 경우 박시교(1970년), 이우걸(1973년), 김영재(1974년), 정해송(1978년) 등이 있다. 전봉건 선생이 돌아가시고 몇 사람의 손을 건넜지만 정진규 시인 때 와서 《현대시학》은 다시 한 번 명 잡지의 빛을 보여주었으나 고인이 되었고 이제 격월간이라는 비상사태 속에서 《현대시학》의 위의를 잃지 않고 그 옛날의 명성을 회복하기 위해 악전고투하고 있는 것으로 보인다.

《현대시학》이 가야할 길

앞서 얘기한 바와 같이 초대 편집인 전봉건 선생은 청렴하고 검소하기 그지없는 분이었다. 그리고 한국시문학의 오늘을 형형하게 꿰뚫고 있는 분이었다. 그래서 그 시대에 시 전문지가 가야할 방향을 알고 어떤 장애에도 굴하지 않고 그 소망을 잡지에 실천한 분이다. 현실적으로 경영의 어려움이 닥칠 때 평생구독자와 정기구독자 모집이나 과월호의 합본 판매, 아마추어 시인의 작품을 모아 권말 부록으로 『신풍시집』이란 이름의 별책을 심사평을 곁들여 간행하기도 했고 대중 잡지를 발행하여 그 수입을 《현대시학》에 투자하기도 한 것으로 안다. 이 시대에 문예지를 한다는 것의 어려움을 여러 방법으로 전 선생께선 극복하려고 노력한 문인이었다. 그 결과로 독자들의 열렬한 지지를 받으며 《현대시학》은 이 땅의 모든 시인들의 자존심을 세워주었고 독자들에겐 당대 시의 현장을 잘 보여주어서 보고 싶은 책이 된 것이다. 아울러 시조시인들에게도 많은 지면을 개방해서 한국시의 전통성과 다양성을 보여주었던 것이다.

이제 내 생각은 다 피력한 셈이다. 원로에서 중진 그리고 신진의 좋은 작품들을 균형 있게 싣는 것, 새로운 기획을 구안하여 싫증나지 않는 시 선문지가 되게 하는 것, 비평의 중요성을 잊지 않고 반영해 내는 것, 특히 젊은 독자들의 갈증을 해소하기 위해 노력하는 것, 외국문학에 늘 관심을 보여주는 것, 현대시조의 성과가 한국시의 발전에 기여할 수 있도록 지면을 제공하는 것, 경영 합리화를 위해 여러 방법을 찾아내는 것일 것이다.

맺으며

《현대시학》은 그처럼 아름다운 잡지였다. 그리고 많은 독자들이 시문학에 매력을 느낄 수 있게 편집해서 그 수요에 응답해온 감각 있고 지혜로운 잡지였다. 많은 문예지가 나오고 사라지지만 《현대시학》에 기대를 하는 사람은 아직도 적지 않다. 그 기대를 알기 때문에 비상경영체제에서도 손 놓지 않고 내일을 만들어 내려는 오늘의 발행인, 편집담당자, 그리고 《현대시학》에 옥고를 기꺼이 전하는 필자들에게 한 사람의 독자로서 감사드린다. 또 한 해가 지나간다. 가장 고난에 찬 한 해였다고 해도 그 노고가 새로 오는 한해의 밑거름이 될 것임은 자명하다. 우리 다 같이 창문을 열고 새로 오는 밝은 해를 맞이하자.

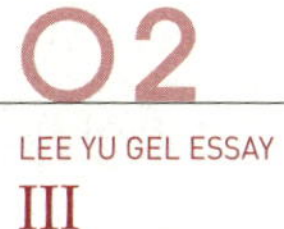

나와 '소리고을'의 인연

창원에서 차를 마실 때면 내가 찾아가는 단골 카페가 있다. '소리고을'이다. 이 집을 처음 알게 된 것은 K시인 때문이다. 그와 만나는 일이 있을 때면 언제나 '소리고을'에서 보자고 했다. 길 안쪽이어서 처음에는 찾기 불편했지만 이 집 분위기에 정이 들어 이제는 나도 호감을 가지고 있다. 처음 가는 집에 내가 곧 잘 신청해서 마셔보는 메뉴는 '아이스 더치'다. '더치'커피는 아무래도 아이스가 좋고 보편적인 메뉴 같지만 바리스타에 따라 맛이 많이 다르기 때문이다. 그런데 이 집 여주인은 시원하고 은은한 맛을 잘 만들어 낼 뿐 아니라 다식으로 비스킷 두어 조각을 얹어 한 상을 차려서 준다. 주는 것이 아니라 대접하는 것이다. 지금은 이 집에서 맞게 되는 익숙한 일이 되어 감동이 덜 하긴 하지만 처음엔 너무 놀랍고 따뜻한 느낌이 들었다. 그리고 이 찻집에는 오래 된 음향기기들이 많다. 이 음향기기들의 전시 자체가 고풍스런 이 집의 인테리어인

셈이다. 그래서 하루는 이것들을 작동시킬 수 있느냐고 물었더니 6, 70년대 애창곡까지 그 기기로 들려주었다. 그래서 특별히 만날 사람이 없어도 비가 오는 날이면 가끔 들러 조영남, 이장희, 윤형주, 김세환, 송창식이나 정미조의 노래를 듣곤 했다. 이미 타계한 몇몇 시인들을 만날 때도 그들은 내 취향을 알고 반드시 이곳을 약속 장소로 정하자고 먼저 제의하곤 했다.

어느 겨울날이었다. 그날 남쪽에선 드물게 눈이 내렸다. 도교육청 간부들과 식사를 하고 나와서 혼자 이 찻집에 갔다. 그리고 좋아하는 몇몇 시인들에게 커피를 마시러 오라고 했다. 그 중에는 잠시 나에게 시를 배우기도 했고, 한때 학부모이기도 한 시인이 있었다. 그 사람이 먼저 도착해서 함께 커피를 마시다가 대뜸 '시디 한 장 저는 왜 안 주세요?' 하는 것이었다. 나는 당황스러웠다. 『네 사람의 노래』라는 사화집 발간 기념으로 '서정가곡 동인'들과 특집으로 낸 시디를 달라는 것이었다. 계획적으로 명단을 작성해서 나누어 주진 않았지만 가까운 사람들에게는 이미 준 지 제법 시간이 지난 것이라 그 시인에게도 당연히 준 줄 알고 있었다. '안 받았어? 나는 준 줄 알았는데. 지금 내 차에 있으니 한 장 줄게' 하고 조금 떨어져 있는 내 차가 있는 곳까지 걸어가서 가져와 사인해 주었다. 그 시디를 받고 더 정담을 나누다가 곧 장유 도서관에서 친구가 기다린다면서 자리를 떴는데 그는 그 날 심장마비로 타계했다. 그 후 이 찻집에서 내가 가끔 보았던 시인들이 연이어 저 세상으로 갔다. 그들은 다 나보다는 나이가 한참 어린 시인들이다. 요즈음 나는 이 찻집에 이제 자주 갈 일이 드물어졌다. 그러나 어쩌다 들를 때가 생기면 그 시인들의 얼굴을 그리며 함께 즐겨 듣던 옛 노래를 청해 보곤 한다. '더치'나 '아이리시'가 아니라 잊혀 가는 옛 인연들을 되새기며 앉아 있곤 하는 것이다.

그런데 요즘은 이 카페의 다른 매력에도 빠져있다. 어느 날이었다. '소리고을'이 쉬는 날인데 나는 그것도 모르고 문을 열고 들어갔다. 남자 주인이 혼자 나와 있었다, 가볍게 인사를 나누고 둘러보니 그날 그는 오래 된 그 음향기기들을 닦고 틀어보기도 해서 그 기능을 체크하고 있었다. 장인의 정성으로 가족 같은 음향기기를 다루는 그의 모습에서 양들을 어루만지고 키스를 해주는 스위스 어느 농부의 아름다운 모습이 오버랩 되었다. 그 긴 세월의 시련을 이기고 그 기기들이 자기 기능을 지금까지 유지할 수 있는 것은 그런 사랑 때문이라고 생각한 뒤로는 더더욱 그 집을 좋아하게 되었다. 그러나 요즘은 걱정 아닌 걱정을 가끔 하게 된다. 가로수 찻집 길에서 보면 그 찻집은 반 지하 셋방살이를 하고 있는 외진 집이라서 혹시 영업이 안 되어 떠난다면 대학시절 즐겨 듣던 세시봉 음악이나 '철새는 날아가고'와 같은 내 추억의 명곡 그리고 이미 타계한 시인들과의 추억을 어디에서 회상할 수 있을까? 11시에 문을 여는 것, 집 앞 식당들의 영업이 그렇게 성황을 이루지 못 하는 것 같은 느낌이 들 때 나는 가끔 그런 걱정을 하곤 한다. 그것은 이 집의 분위기를 아끼는 나의 과민 반응이리라. 창원 그랜드 서점에 내 일용할 서적을 사러 갈 때나 비 오는 날 글을 쓰고 싶을 때 또는 추억의 노래를 듣고 싶을 때 나는 내게 아련한 추억과 정일한 분위기를 가져다주는 이 찻집이 있음에 감사하며 행복을 느끼곤 한다.

03

LEE YU GEL ESSAY

III

치즈케이크 어떠세요?

런던 올림픽 관람, 대선후보 살피기, 영화, 연극 관람……. 어느 쪽도 지루하진 않습니다. 이 더운 여름을 여러분은 어떤 비책으로 견디고 있습니까?

가곡의 왕으로 흔히 불리는 슈베르트는 유명한 욕쟁이였고 러시아 역사상 가장 위대한 표트르1세는 폭탄주 마니아였으며 천재 화가 피카소는 바람둥이였습니다. 위대한 업적을 남긴 영웅들에게도 그들 고유의 스트레스 해소방법은 있었던 것 같습니다. 그런 일탈이 숨 막히는 집중을 계속하기 위한 준비운동이었는지도 모르겠습니다.

소시민인들 다를 바 있겠습니까? 숨 쉴 구멍 하나 마련하지 못한 채 언제나 일상의 고난 속에 빠져 산다면 생을 무슨 재미로 살아가겠습니까? 그러니까 바캉스도 있고 여행도 가고 레저도 즐기고, 독서도 하고, 야밤에 술파티를 벌이기도 하는 것이겠지요.

여러분은 무엇을 하며 지내고 있습니까?

저는 이 여름을 지내기 위해 별다른 방법을 하나 만들어 애용하고 있습니다. 치즈케이크를 아내 몰래 사 놓고 자정 가까이 꺼내어 먹는 것입니다.

별식에 관한 추억이 우리 나이 또래에겐 많습니다. 농업이 주업이었던 우리들의 유년 시절엔 그랬습니다. 예를 들어 볼게요. 정월이면 설이 있고 대보름이 있어서 별식이 따르지요. 백중은 백중이라서 복은 복날이라서 또 팔월은 팔월이라서 별식을 만들어 먹었지요. 또 동지도 있지요. 그런 별식 추억 중에서 특히 여름이면 마당에 모깃불을 놓고 덕석이나 청으로 자리를 만들어 찐 옥수수나 밀떡을 나누어 먹으며 별을 본다거나 어른들의 옛 애기를 듣는 것이 제게는 유난히 아름다운 추억으로 남아있습니다. 가난했지만 따사로웠던 가족의 분위기가 그립습니다.

저는 그런 과서를 추억하며 치즈케이크를 몰래 먹고 있습니다. 가족간의 분위기를 생각하면 아내와 함께, 자세히 보면 보일 듯한 별을 바라보며 야외에서 먹어야 하지 않느냐고 충고하실 지도 모르겠습니다. 그러나 그런 충고는 우리집의 분위기를 모르고 하는 얘기입니다. 종교 활동, 노래교실 수업참가, 시 낭송 수업참가, 무료 급식 봉사 등 하루 일과가 꽉 짜인 아내는 저녁 아홉시가 넘으면 잠에 빠지고 중편 소설이나 한편 읽으며 틈틈이 낮잠을 자곤 하는 비교적 한가한 저만 자정 넘게 남아있습니다. 밤에 오히려 정신이 또렷해서 문우들의 시집을 꺼내 읽는다거나 앨범 정리까지 해보곤 하는데 이런 작업은 몰래할 이유가 없습니다. 그러나 칼로리가 높고 달디 단 치즈케이크는 지병을 가진 저에겐 절대로 먹어서는 안 되는 것이라서 아내로부터 금식명령을 하달 받은 지 오래 되었습니다.

여러분, 생각해보세요. 물소리가 잘 들리고 눈을 들어 하늘을 보면 맑은 날은 별까지 보이는, 교회 하나가 은색 빛을 뿜고 있는 숲의 풍경을 거실에서 바라보며 어머니가 쪄주시던 밀떡 같은 케이크를 하나씩 먹는 것이 얼마나 소중한 것인가를……. 그리고 때로는 이미 타계하신 아버지, 어머니, 누나의 언어들을 기억해내고 그 언어들이 아직도 내게 전해주고 있는 깊은 의미를 음미하는 것이 시집읽기보다 더 아름답다는 사실을…….

치즈케이크 몰래 드시고 싶지 않으세요?

철없는 철새들

젊은 영혼의 편력을 도시적 감수성으로 노래해서 화제가 되었던 「서른, 잔치는 끝났다」를 쓴 최영미 시인이 새로 펴낸 시집 『이미 뜨거운 것들』에는 '한국의 정치인'이란 작품이 있다.

'대학은 그들에게 명예 박사학위를 수여하고/기업은 그들에게 후원금을 내고/교회는 그들을 위해 기도하고/병원은 그들에게 입원실을 제공하고/비서들이 약속을 잡아주고/운전수가 문을 열어주고/보좌관들이 연설문을 써주고/말하기 곤란하면 대변인이 대신 말해주고/미용사가 머리를 만져주고/집안 청소나 설거지 따위는 걱정할 필요도 없고/(도대체 이 인간들은 혼자 하는 일이 뭐지?)'

신뢰를 잃은 정치인들

지나치게 직설적이어서 굳이 설명을 덧붙일 필요조차 없다. 여기 그려진 현실은 당연히 작품 속의 '가상 현실'일 뿐이다. 그럼에도 불구하고 이 시 속의 가상 현실을 바로 우리가 일상적으로 만나게 되는 실제의 풍경이라고 생각하는 사람이 적지 않다. 그래서 이 시에 공감하는 독자가 많다. 공감하는 독자가 많다는 것은 이 시가 현실에 가깝다는 사실을 증명하는 것이다.

깨어 있는 일부 정치인들이 이런 일상으로부터 탈출을 꿈꾸고 그 실현을 위해 노력해 왔지만 안타깝게도 눈에 뜨이는 성과가 별로 없다. 또 이 풍경이 중앙정치의 한 단면일 뿐이라고 우기는 사람에게도 고개를 끄덕여 주기가 어렵다.

학식도 인품도 의심스러운 사람에게 명예박사학위를 예사로 주는 지역 대학들이 있고 무소불위의 파워로 제왕적 지자체장을 지낸 뒤 사법 처리되는 경우를 우리는 허다하게 보아 왔기 때문이다.

지금 바야흐로 정치의 계절풍이 불기 시작했다. 지역 정가의 미풍은 태풍을 예고하는 신호다. 텃새들은 텃새들대로 새로운 일전을 준비하고 있고 철새들은 철새들대로 성공을 꿈꾸며 조심조심 끼어들기를 시도하고 있다. 텃새라고 무조건 믿을 수도 없는 것이 현실이다. 철새라고 굳이 내칠 필요도 없다.

여러 지역, 여러 기관에서 경험을 쌓은 눈 밝은 철새들이 있다면 근시안적이고 비전 없는 텃새들보다 훨씬 지역 발전에 도움이 될 것이기 때문이다.

그러나 선거 때만 고개 숙이고 찾아오는 철새들이 대부분이다. 이들을 더 경계하고 의심하면서 마음속으로 다음과 같은 질문을 수없이 던진다.

첫째, 당신은 정말 이 지역을 사랑하는가. 둘째, 당신은 이 지역에 대한 사랑만큼 철저한 공부를 하고 왔는가. 셋째, 중앙정치의 어떤 힘만을 믿고 지역 일을 맡으려는 것은 아닌가. 넷째, 이 일을 맡게 된다면 스스로도 행복하고 지역민도 행복해지리라는 확신을 갖고 있는가. 마지막으로, 당신은 봉사하는 습관이 있는가.

흔히 외지에서 갑자기 날아온 철새들의 수사는 상투적이다. 이 지역이 고향과 같다고 한다. 제2의 고향이라는 경우도 허다하다. 심지어는 이곳에서 뼈를 묻겠다는 지키기 어려운 극언까지 서슴지 않는다. 자금력이 유일한 실력인 철새의 경우 정작 일전을 벌이게 되면 룰과 관계없이 심각한 위법행위도 아랑곳하지 않는다.

중앙 정치에 연줄을 내며 우쭐거리는 철새는 대개 지역 관리 대리인 수준이다.

지금 이 시대 대한민국에서 마스터키를 가진 권력자가 어디 있는가. 대부분 이런 철새들은 허풍과 비현실적인 공약을 남발한다.

철저한 자기 검증이 필요

지역 단체장이 되거나 의원이 될 사람은 지역민을 위해 봉사한다는 자세를 가져야 한다. 그래야 직무를 올바르게 수행할 수 있다. 그런 자세는 어느 날 갑자기 마음을 굳게 먹었다고 되는 것이 아니다. 습관화되어 있어야 한다. 그렇지 않으면 마음 따라 몸이 움직이지 않는다.

아울러 열과 성을 다해서 주민들의 신임을 얻으면 자연히 권력자가 된다. 자기가 가지지 않으려고 해도 가질 수밖에 없는 영향력이 권력이다. 직무와 관련된 공권력과 주민의 신임으로 얻게 되는 영향력이 합쳐지면 상상할 수 없는 힘이 생긴다. 그 힘을 자제하고 현명하게 쓸 줄 아는 지혜까지 갖추고 있어야 한다.

이러한 질문에 대한 철저한 자기 검증도 없이 권력의 맛을 보려고 뛰어드는 철새가 있다면 철없는 철새라고 부를 수밖에 없다. 유권자들은 벌써부터 그런 철새들을 가려내기 위해 조심조심 눈과 귀를 열어 놓고 있다.

노산과 가고파

노산 이은상, 현대시조 개척의 선구자다. 특히 1932년 발표된 「가고파」는 김동진이 작곡하여 고향이 어디에 있건 향수에 젖어 들면 누구나 부르곤 하는 국민 애창 가곡이다. 이 노래가 발표된 지 81년 만인 지난 2월 16일 허인구 마산역장이 가고파 시비를 세웠다. 마산역 광장을 문화적 관문으로 가꾸고자 하는 의욕에서 남마산로타리클럽과 힘을 모아 「가고파」 시비를 세운 것이다. 이에 대해 민주성지 마산을 부르짖는 일부 시민단체들이 반발하고 나서는 바람에 시비가 존폐의 기로에 섰다. 진퇴양난에 빠진 것이다.

아름다운 마산을 노래한 작품

차제에 「가고파」 시비가 존립해야 하는 여섯 가지 이유를 들어 갈등 종식에 조그마한 지혜를 보태고 싶다. 첫째 「가고파」는 작가의 생애보다 작품에 포인트를 맞추어야 한다는 점이다. 마산의 관문인 마산역에 「가고파」 시비를 세운 뜻은 정감 있고 아름다운 마산의 모습을 보여주기 위해서이지 노산의 생애를 널리 알리기 위해서가 아니다. 전 국민이 함께 부를 수 있고, 미항 마산의 모습을 잘 알릴 수 있는 시로 「가고파」만 한 작품이 없다는 것은 누구나 인정하고 있다.

둘째 노산은 친일하지 않았다는 점이다. 한때 '친일혐의'를 운운하면서 워낙 많이 언론에 오르내리는 바람에 지금도 노산을 친일인사로 알고 있는 사람이 적지 않다. 그러나 2009년 11월 8일 민족문제연구소가 발간한 친일인명사전에는 이은상이라는 이름이 없다. 1903년에 태어나서 1982년 타계할 때까지 노산의 일생을 살펴볼 때 일제통치 36년간 친일을 한 기록은 전혀 없다. 오히려 일본에 항거하다 옥고를 치른 애국투사였다.

셋째 노산은 권력에 연연한 인사가 아니었다는 사실이다. 노산의 주요 프로필을 보면 대학교수, 언론사 간부, 문화단체 회장을 지낸 것이 대부분이다. 한국시조시인 협회장, 한국산악회 회장, 독립운동사 편찬위원회 위원장, 예술원 회원, 이충무공 기념사업회 회장 등 정치권력과는 먼 거리에 있는 단체에서 봉사했다. 그가 권력에 집착했다면 장관이나 총리, 국회의장도 할 수 있었을 것이다. 그러나 그는 그런 욕심을 가진 사람이 아니었다.

넷째, 노산은 이승만, 박정희 정권을 대체로 옹호하는 입장에 섰지만, 그의 일관된 진심은 민족 사랑, 조국 사랑이 바탕이었다. 노산은 일제하에서 대부분의 생애를 보냈다. 국권 피탈 때 여섯 살이었고, 광양유치장에서 해방을 맞을 때가 마흔한 살이었다. 조국을 잃고 젊은 날을 보낸 그에게 우리 민족이 세운 나라에 대한 애정은 각별했을 것이다. 그래서 그의 산문, 그의 시조 편편마다 그런 사랑의 마음을 펼치며 문필생활을 영위했다. 그가 친정부적이었고 독재옹호에 기여했다는 비판은 일면 타당하다. 그러나 노산의 편에서 바라본다면 억울할 수 있는 것이다.

다섯째 3 · 15에 대한 노산의 견해를 지나치게 비판하는 것은 바르지 않다. 마산 일부 시민단체가 노산을 비판하는 가장 큰 이유는 3 · 15에 대한 노산의 태도에 대한 불만이다. 그 불만의 근거가 되는 기록은 1960년 4월 15일자 조선일보에 보도된 '마산 사건의 수습책'이란 제목의 기사다. 여기에는 6개 항목의 설문에 대한 국가원로들의 답변이 실려 있다. 이은상은 다른 원로들과 다른 태도에서 답변을 내놓고 있다. 가장 적극적인 답변을 했다는 점에서이다. 가령 어떤 원로는 답변을 회피했고, 어떤 원로는 극히 단순하게 답했다. 하지만 노산은 사실상 정부의 총사퇴를 주장하면서도 고향 마산사람들에게 피해가 최소화되는 해결책을 제시했다. 3 · 15가 민주주의 역사의 발자취로 인정받고 교과서에까지 기록된 지금 우리가 보는 3 · 15와는 다르게 그 당시의 혼란스러운 정국 속에서의 노산의 심정을 배려해야 올바른 판단을 할 수 있다.

조국과 고향을 사랑한 시인

마지막으로 노산은 조국과 고향 사랑의 마음을 가장 절실하게 시조의 가락에 담아낸 시인이라는 점이다. 「가고파」「가윗날에」「옛동산에 올라」가 고향 사랑의 노래라면 「길이 끝났네」「고지가 바로 저긴데」「기원」 등은 조국 사랑의 노래다. 수많은 강연과 산문 집필을 통해 청년들에게 국가관을 심어 주었고 스스로 국토의 구석구석을 밟으며 노래로 의미를 새겨 놓았다.

그러나 노산인들 한 인간으로서 어찌 결함이 없었겠는가. 우리가 지금 「가고파」 시비를 지키려 함은 완전한 노산의 생애를 기념하고자 하는 것이 아니라 우리 모두 고향을 사랑하고 각박한 현대의 삶을 살아가면서도 때로는 시정詩情에 젖어 가며 오늘의 고달픔을 이겨 나가자는 데 있다. 이런 소중한 의미라면 돌에도 마음에도 새겨 간직함이 옳지 않을까 한다.

한 여름밤의 영웅론

가끔 밤하늘에 선을 그으며 떨어지는 유성을 발견할 때가 있다. 아, 또 지도자 한 사람이 세상을 뜨는구나. 혼잣말로 탄식한다. 그런 상상력은 물론 역사소설을 읽어 얻은 것도, 무협지를 통해 학습한 것도 아니다. 유년 시절 어른들이 들려 주신 이야기가 갖게 한 것이다. 여름이 되면 별식을 만들어 함께 먹으면서 식구끼리 멍석이나 마루에서 많은 대화를 나누며 밤하늘의 별들을 바라보곤 했다. 그런 정겨운 분위기 속에서 어머니는 곧잘 옛 얘기를 해 주셨다.

개인적 카리스마를 인정치 않는 시대

귀신이나 호랑이, 도둑 얘기도 하셨고 권선징악의 고전도 스스로 스토리를 꾸며 가며 흥미를 돋우어 주셨다. 때로 그 이야기 담당이 아버지가 되거나 형님이 될 때면 이순신, 을지문덕, 강감찬 또는 세종대왕, 링컨, 간디 등 다양한 인물들로 그 범위가 확대되었다. 우리는 그런 영웅들의 얘기를 들으며 꿈을 꾸었다. 가난하기 그지없는 시대였지만 그런 얘기들이 꿈을 심어 줬다. 삭막한 세상을 건너면서 허방에 쉽게 빠지지 않고 살아올 수 있었던 것도 그런 영웅을 닮고 싶었던 소박한 소망 때문인지도 모른다.

영웅은 어느 시대, 어느 곳에서나 탄생될 수 있지만 대체로 수난의 시대에 나타난다. 주권을 상실한 나라, 민권을 탈취당한 독재정권하, 전쟁과 기아상태에 있거나 민족이 곳곳에 흩어진 불행한 나라, 이런 비정상적인 환경 속에서 그 어둠을 헤치고 일어서기 위해 자신을 헌신하여 존경을 받게 되는 사람이 영웅이다.

그러나 오늘날은 영웅의 탄생이 어려워졌다. 대체로 많은 나라들이 민주적 절차에 따라 국정이 운영돼 명분 없는 전쟁을 할 수가 없고 매스컴의 발달이 한 개인의 카리스마적 지도력을 용인하지 않을 뿐 아니라 그 내면까지 낱낱이 밝히기 때문이다. 따라서 어쩌면 정상적인 나라의 국민들은 영웅이 출현하지 않기를 바랄지도 모른다. 또 아무나 영웅이라 말할 수도 없다.

토머스 칼라일은 영웅의 조건으로 성실성과 통찰력을 들었다. 그래서 평생 아무것도 갖지 않겠다는 소신을 실천한 걸인 철학자 디오게네스를 영웅으로 인정하면서도 통찰력이 부족한 나폴레옹은 인정하지 않았다. 물론 프랑스의 많은 사람들은 그 반대의 입장을 취할 것이다.

동서양이 인정하는 현존하는 영웅이 있다면 그 호칭에 가장 적당한 인물은 누구일까. 그 답변으로 만델라를 든다면 나는 기꺼이 찬성할 것이다. 남아프리카공화국에서 실시한 최초의 평등선거에서 대통령으로 뽑힌 만델라는 필생의 목적을 성취한 90대 중반의 유네스코 친선대사다. 대통령이 되기 전에는 아프리카 민족회의(ANC) 지도자로서 남아공 옛 백인정권의 인종차별에 맞선 투쟁을 지도했던 인물이다. 감옥생활 26년 만에 출소하여 62%의 지지로 대통령이 되자 진실과화해위원회(TRC)를 결성하여 용서와 화해의 정신으로 과거사를 청산하여 국가에 평안을 가져다 주었다. 지금도 남아프리카의 양심으로 존재하면서 나라 안정에 한 기둥으로 역할을 하고 있다. 흑백차별이 지나쳤던 나라에서 민주화와 안정은 세계평화에도 크게 기여하는 경사다.

그렇다면 우리나라에도 영웅이 과연 필요한가. 쉽게 대답하기 어려운 질문이다. 언론의 자유가 보장되고 민주화가 많이 진전되어 있고 경제적으로 안정된 나라가 되려면 모든 국정이 시스템으로 이루어져야 하고 그런 기반을 갖춘 우리나라이기 때문이다. 오히려 서투른 영웅적 오버액션이 평안을 깨뜨릴 수도 있는 나라다.

함께 땀 흘린 통일의 선봉장이라야

그러나 또 한편으로 생각하면 우리는 아직도 전쟁이 끝나지 않은 상태에 있고 세계유일의 분단국가다. 적지 않은 충돌이 해마다 일어날 뿐 아니라 상대는 이제 핵으로 위협하고 있는 비정상적인 집단이다. 그럼에도 우리 민족은 하나같이 통일을 열망하고 있고 그 방법은 평화적이어야 한다는 확고한 원칙을 가지고 있다. 이런 민족에게 국군포로 귀환, 개성공단의 정상화, 남북 이산가족 상봉, 금강산관광문제 등 적지 않은 현안이 쌓여 있을 뿐 특별한 묘안은 없다. 신뢰를 쌓아 가면서 상호 협조해야 하지만 국민의 안전과 평화를 위협할 경우 좌시할 수 없는 것이 정부 입장이다.

또 어떤 묘안으로 한 겨레 한 나라가 될지는 아무도 모른다. 그런 통일이 되는 날 칠천만 동포는 그 선봉에 섰던 가장 헌신적인 지도자에게 영웅이라는 칭호를 부여할 것이다. 그런 영웅이 출현한다면 환영해야 하지 않을까. 그리고 그 영웅은 하늘에서 내려오는 신의 아들이 아니라 이 땅에서 함께 고민하고 땀 흘렸던 우리의 동료일 것이다.

강의 은유

"엄마야 누나야 강변 살자. 뜰에는 반짝이는 금모래 빛…". 김소월의 시 「엄마야 누나야」는 이렇게 시작된다. 이 작품에서 '강' 이란 낱말을 발견할 수 있다. 흔히 우리 국토를 자랑스럽게 표현할 때 '금수강산' 이라 부른다. 이 구절에서도 '강'이란 낱말과 만난다. 그렇다. 농업국가건 공업국가건 강은 우리 생활과 맞닿아 있는 소중한 자원이고 터전이다. 교통을 편리하게 하고 토지를 비옥하게 하고 아름다운 풍경을 제공하고 식수나 공업용수를 제공하기 때문이다.

이런 소중한 이름을 우리는 비교적 잊고 산다. 이명박 정부의 4대강 정책 대두 이후 강은 정쟁의 대상이 되면서 곳곳에서 상처만 입었을 뿐 맑은 마음으로 강을 부르는 사람은 거의 없다. 조선시대의 해금정책海禁政策 등으로 사실상 금기시됐던 바다가 오늘날은 무역의 중요 교통로가 됐고 무슨 대단한 결단을 내리거나 신념을 표명할 때 산은 언제나 멋진 무대가 돼왔지만 강은 늘 묻힌 이름일 뿐이었다.

그런 강을 경남 밀양시에서 새롭게 만나고 왔다. 보물 147호 영남 제1루 위에 오르면 어느 묵객이 써 붙인 '강성여화江城如畵'란 현판을 만나게 된다. 무슨 계시 같은 '강'자를 유심히 읽고 있다가 눈을 돌려보니 기명색 노을을 살짝 얹고 초록의 강은 흐르고 있었다. 강줄기를 따라 대님을 풀어놓은 듯 산책길이 곱고 정겨웠다. '그래, 길을 한번 따라 가 보자' 생각하고 누각에서 내려왔다. 그 길을 따라 걸었다. 영산홍, 벚나무, 조금씩 푸르러 가는 유채꽃밭도 보였다.

여유로운 걸음으로 강을 바라보며 걸어가다 무언가 심각한 생각에 빠져 강의 반대쪽을 보고 걷는 사람들을 만났다. 그 사람들을 살펴보며 또 나 자신을 되돌아보기도 했다. 그리고 틈틈이 강에게 많은 질문을 던지기도 했다. 물론 강은 대답하지 않았다. 꾸중을 하거나 듣지 않으려고 내치지도 않았다. 천천히 가는 걸 나무라지도 않았다. 그렇다고 우리가 정지해 있는 것도 아니었다. 쉼 없이 어디론가 가고 있었다. 그 걸음 속에서 살아온 지난날을 반추하며 때로는 기쁘고, 때로는 슬픈 표정을 짓기도 했다. 강은 산처럼 근엄하지도 않았고 아버지처럼 단호하지도 않았다. 어머니 모습이었다. 오히려 지혜롭고 따스한 어머니의 모습이었다.

길이 99㎞, 경주시 산내면 대현리에서 발원해 남류하다가 청도군의 동창천, 청도천과 합류하고 물길이 밀양시를 거치면서 비로소 밀양강이란 이름을 얻게 되는 강의 한 지역을 나는 걷고 있었다. 한 시간 삼십 분, 특별한 의식 없이 걸어 처음 출발한 자리에 닿았다. 그리고 헤아려 보았다. 나와 강은 무슨 대화를 나누었을까? 강은 나에게 무엇을 가르쳐 주었고 나는 강에게 무엇을 질문했던가? 아무런 실체는 없었다. 그러나 편안했고 따스했으며 정지돼 있지 않았고 내일에의 희망을 생각했다.

굳이 정리해 본다면 강은 이런 소중한 말을 전하고 싶었던 것은 아니었을까? 먼저 낮은 자세로 살아라. 그것이 가장 자유를 얻는 자세이고 가장 편안한 자세이고 또 그래서 진정으로 행복해질 수 있는 자세라는 것을. 두 번째로는 더 낮은 목소리로 말하라는 것. 그것이 더 효과적인 전달방법이고 공해를 줄이는 방법이라고. 세 번째로는 스피드에 치여 자신의 사유를 매몰시키는 것은 어리석은 짓이라는 것을. 천천히 그러나 최선의 정답을 찾는 것이 더 좋은 방법일지도 모른다는 사실을…. 네 번째로는 정지하지 말라는 것이다. 천천히 걸어가는 것과 정지하는 것은 다르다는 것을, 생이 살아있도록 항상 움직이고 있어야 한다는 사실을, 그리고 열려있어야 한다는 것을, 밀양강이 삼랑진을 지나 낙동강에 닿듯이 항상 고여 있지 말아야 한다는 사실을…. 아울러 세상의 어떤 굴곡에도 최후의 목표는 원이 되어야 한다는 진리를….

강은 말하지 않았다. 다만 걷는 나와 속도를 맞춰 주었고 괴로운 나를 위로해 주었고 정지하려는 나를 흔들어 주었고 닫고 싶은 나를 열어주었을 뿐이다. 그리고 걷는 길의 마지막이 출발점이 되게 했다. 아름다운 원의 완성이었다.

겨울을 벗어난 강은 이제 더 눈부신 자태로 깨어나고 있다. 더 많은 은유로 얘기하고 있다. 그냥 바라보고만 있어도 자애롭고 온화하다. 그러나 세상은 어지럽다. 정치인들은 변함없이 확신에 찬 어조로 내일을 말하고 있지만, 일부 기업가는 형을 받고 있고 어떤 가난한 사람들은 생명을 삶의 고통과 바꾸고 있다. 실업문제, 안보문제, 복지문제는 난마처럼 얽혀 있다.

이런 때일수록 강에게 물어보자. 민심처럼 흐르는 강에게 물어보자. 낮은 목소리로 낮은 자세로 있는 듯 없는 듯 흐르면서 언제나 열려 있는 강의 사유를 본받아 보자. 이 아름다운 강의 은유를 읽어내자. 더 넓은 귀를 가진 사람들에게 강은 더 깊은 이야기를 전해줄 것이다.

덕봉서원

경남 창녕군 부곡면 부곡리 156번지. 이곳이 내가 태어난 곳이다. 벽진 이 씨 집성촌 마을에서 유학을 하시는 아버지와 한글을 해득하는 수준의 어머니 사이에서 8남매 중 일곱 번째로 나는 태어났다. 숭농 성도의 가정경제, 대가족, 농사를 잘 짓지 못하시는 아버지, 벼 · 보리 농사가 우리 가정 형편을 좌우하는 주요 경작 작물이란 것으로 우리집을 소개할 수 있다.

아버지는 경서를 읽으시고 시짓기를 좋아하시는 분이었다. 내가 문학에 관한 자질을 얼마간 타고났다면 아마도 아버지로부터 받은 것이 아닐까 생각한다. 그렇다고 어머니가 그런 면에서 소질이 없었다고 단정 짓기 어렵다. 내가 시조를 쓰게 된 계기는 어머니 때문이다. 해방되기 일 년 전에 아버지께서 일본에 징용가셨다. 6남매의 자식들, 농사일 등 젊은 어머니는 온통 근심으로 하루하루를 보내셨다. 그 근심을 쫓기 위해 하신 것이 담배 피우기와 무언가를 외우는 것이었다. 아침 일찍 일어나면 언제나 담배를 한 대 피우시고 그 다음은 회심곡이나 불경, 한양가 등 여러 가사를 외우며 불안한 가슴을 안정시키곤 하셨다. 해방이 되자 아버지는 돌아오셨고 나와 동생은 해방 후에 태어났다. 그런데 앞서 얘기한 어머니의 가사나 시 외우기 습관은 내가 초등학교에 다닐 때도 계속 되어서 나는 초등학교 교과서는 물론이고, 중학교 고등학교 등 형님들의 국어책까지 고시조나 현대시조를 누런 비료포대종이에 붓글씨로 베껴서 어머니께 드렸다. 어머니는 그 시조들을 아침마다 외우시고 나서 하루 일을 시작하셨다. 그러니 곁에서 그런 모습을 늘 지켜보며 자란 내가 시조를 외우지 않을 수 없었던 것은 당연한 순서였다.

그렇다고 시조만 쓰려했던 것은 물론 아니었다. 초등학교 때나 중학교 때 백일장 대회에 학교 대표로 나갈 때는 언제나 자유시를 썼다. 시조백일장은 없었다. 그러니 시조장르를 의식한 적도 없었고 산에 소를 먹이러 가거나 혼자 나무 의자에 앉아 있을 때 막연하게 글 쓰는 사람이 되고 싶었을 뿐이었다. 선생님이 장래희망을 묻기에 시인이 되고 싶다고 했다. 그랬더니 시인이 되려면 하루에 한 권씩 책을 읽어야 하는데 어렵지 않겠느냐고 했다. 실망스런 선생님의 결론이 가슴 아팠다. 그땐 책을 살 돈도, 책방도 근처엔 없었다. 가끔 《학원》을 읽고 투고하면 가작이 되어 내 이름이 실렸지만 형님들은 잡지사의 영업차원의 호의라고 무시했다. 그런데 부곡중학교 운동장에는 가끔 내 가슴을 두근거리게 하는 행사가 펼쳐지곤 했다. 밀양에서 헌책장수가 문학관련 헌책들을 운동장 한

켠에 진열해 놓고 헐값으로 파는 것이었다. 그때 내가 사 읽었던 책은 김소월의 『진달래꽃』 노천명의 『사슴』 한하운의 『나의 슬픈 반생기』 김춘수의 『현대시 감상』 신석정의 『어머니 아직은 촛불을 켤 때가 아닙니다』 등이었다. 이런 책들을 교과서와 참고서 사이에 끼워서 소중하게 읽고 끊임없이 습작했다.

그리고 방과 후나 방학 때는 주로 소를 먹이러 산에 갔다. 우리 뒷산은 덕암산이다. 그 덕암산의 정기를 받는 곳에 덕봉서원이 있다. 덕봉서원은 1702년 숙종 때 세워져서 고종 8년(1871년)에 철폐된 190년간 존속된 교육기관이다. 영산현으로 이주해온 우리 씨족들의 향학열정이 결실을 본 교육기관이다. 대원군의 서원철폐정책으로 고종 8년 공식적인 기능은 끝났지만 어릴 때 천자문이나 명심보감을 가르치기 위해 청년들을 모으기도 했다. 여기에 10대, 11대, 12대 3대조의 위패를 모셔 두어서 명절이면 반드시 배례를 했다. 그래서 유 · 소년기에 나의 상상력을 길러주고 시대정신을 무언無言으로 가르쳐준 곳이 바로 고향이고 그 정신의 정점에 있는 신성한 곳이 나에게는 덕봉서원이다.

쳐라, 가혹한 매여 무지개가 보일 때까지
나는 꼿꼿이 서서 너를 증언하리라
무수한 고통을 건너
피어나는 접시꽃 하나

흔히 평자들이 나의 대표작으로 드는 「팽이」라는 작품이다. 군부

독재의 갈등 속에서 청소년기의 대학생인 내가 느꼈던 저항의식을 팽이라는 사물에 이입시켜 노래한 것이다. 우리는 어릴 때 얼음이 얼어있는 겨울논에서 팽이를 돌렸다. 팽이는 때려야 돈다. 그러나 내가 위 시조에서 노래하는 것은 어떤 폭압에도 굴하지 않겠다는 강고한 자신의 선언이고 그 당시 젊은 청년들의 피 끓는 외침이었다.

어릴 때 누나는 창녕에서 자랐고
자라서 누나는 파주에서 살지만
당신은 우리 누나를 욕하지 못한다.

강도 산도 해도 달도 산 자의 인연일 뿐
핏줄처럼 엉켜 붙은 잡초들을 후벼 파다가
사변이 나던 이듬해 밤차를 타고 떠났다.

이따금 엽서에다 누나는 소식을 쓴다
성한 그, 다리로는 밟지 못할 고향땅에
어머니 추우실까 봐 털옷도 짜 보낸다.

「우리 누나」라는 작품이다. 6 · 25라는 부제가 붙어있다. 서정시에서 1인칭은 대체로 작가를 가리킨다. 그러나 이 작품은 그렇지 않다. 사실은 6 · 25 전후해서 학생들에게 글을 쓰게 했을 때 언제나 비슷한 작품을 쓰는 것을 보고 무언가 절실하게 느껴지게 쓸 수 없을까 하고 궁리하다 6 · 25 이후 양공주가 된 누나를 가진 동생이 우리반 학생이었던 기억을 되살려 써 본 것이다. 부곡초등학교 같은 반으로 키도 크고 씩씩하고 명랑한 성격의 그 학생은 우리가 상상도 할 수 없는 장난감을 가지고 와서 뽐내곤 했고 우리는 많이 부러워했던 적이 있었다.

문학 청소년기의 깊은 고뇌와 새로움에 대한 갈망을 느끼고 그걸 채우기 위해 몸부림친 건 고등학교를 다니던 밀양에서였고 나를 문인으로 훈련시키고 한 시인으로 이름을 걸게 해 준 도시는 대학을 다니던 대구였다. 그러나 느낀 생각을 적고 다시 되새기면서 세상의 신비에 처음 눈 뜨게 해 준 곳은 고향 창녕 부곡이다. 부곡의 모든 자연환경과 학교와 그 공간의 사건들이 나를 키웠겠지만 특히 덕봉서원은 유림의 후손으로서의 긍지와 겨레와 나라를 향한 사랑의 정신이나 당당한 시대정신을 갖게 하는 내 영혼의 성소로 사리 잡고 있다. 고향에 갈 때면 자주 이곳에 와서 내 걸어온 생을 반추하며 마음을 다잡곤 한다.

말의 힘

버스를 타고 교외를 혼자 가는 경우가 가끔 있다. 우연히 학생들의 하교시간과 겹치면 곤혹스럽다. 소음도 소음이지만 소음 이상의 고통은 욕설을 듣는 것이다. 학생들 대화의 대부분은 욕설로 채워지고 그 대상도 과목선생님, 담임선생님, 친구, 탤런트 등 다양하다. 그 나이 또래면 그럴 만하다고 긍정적으로 생각하려 노력해도 직접 당하게 되면 우리 사회가 얼마나 부정적인 시각을 가지고 있고, 투쟁적이고, 거칠고, 저항적인가를 보여주는 단적인 현장 같아서 두고두고 씁쓰레해진다.

그런 기억을 회상하며 가끔 신문을 읽다가 적절한 기회에 여운 있는 말을 하는 인사들을 만나면 이 분들이 바로 생활의 시를 쓰는 언어예술가가 아닌가 하는 감탄에 빠지게 된다. 물론 그런 스타들은 예전에도 있었다. 유머에 능했던 정치인 중에는 링컨이나, 레이건, 처칠 등이 세계인의 뇌리에 지워지지 않을 가화들을 많이 남겼다. 진지하고 감동적인 연설로는 도산이나 김구 혹은 신채호, 신익희 등이 떠오르지만 생존시대나 세대차이가 있고, 공간적으로도 거리감이 있어서 읽고 들어서 느끼는 정도밖엔 안 된다. 그래도 총상을 입고 병원에 도착한 레이건이 지혈을 위해 간호사들이 자신의 몸에 손을 대자 "우리 낸시에게 허락받았어요?" 라고 한 농담은 생생하다. 긴급한 상황에서도 여유를 잃지 않는 모습은 상상만 해도 유쾌하다.

어떤 직종에 종사하는 사람들은 말을 통해 타인과 소통해야 한다. 아예 말로 먹고사는 직업이 있지만 그렇지 않은 사람들에게도 소통이야말로 생명과 같아 언어생활은 중요하지 않을 수 없다. 지적이고 품위가 느껴지는 경우, 유머러스하면서도 자신의 안목을 보여주는 경우, 그 사람이 인생관 혹은 예술관이 잘 녹아 있으면서 상황에 어울리는 경우 등 말이 보석처럼 빛나는 여러 경우가 있다. 나는 이런 말을 하는 사람들을 발견하면 진정한 프로로서 그들의 성공을 신뢰하게 되고 그들과 동시대에 살고 있다는 사실에 감사하게 된다.

내 비망록에 안착해 있는 최근의 그런 인물들을 몇 분 소개해 보라고 한다면 나는 주저 없이 다음 인사들을 얘기하겠다. 제일 먼저 독립구단 고양 원더스의 김성근 감독이다. 그는 야신이란 애칭을 가진 신화적인 야구감독이다. 일본에서 태어나 한국에서 야구를 하는, 모국어가 서툰 사람이다. 그러나 그의 좌우명 '일구이무一球二無'는 전율을 느끼게 할 만큼 그의 생애를 집약해놓은 감동적인 말이다. 이 말은 공 하나에 승패가 갈리는 야구게임에서 승리하기 위해 그가 몸부림치는 처절한 모든 행동을 긍정적으로 이해하게 한다. 45자 내외의 적은 글자로 세상을 담아야 하는 정형시인 시조에서도 언어의 절약과 적확성의 중요함은 강조돼야 하기 때문에 나는 강의를 할 때 가끔 김 감독의 좌우명을 예로 들곤 한다.

두 번째로는 세계적인 전위예술가 백남준 씨다. 그는 '비디오아트' 라는 새로운 예술을 창시한 사람이다. 미술사와 미학, 작곡, 현대음악을 여러 대학에서 공부하고 존 케이지, 조지 마키나우스 등의 전위예술가를 만나는 등 다양한 분야에 종사하는 사람들과 광범위한 작업을 하고 드디어 비디오아트를 창시했다. 그런 그가 세계를 돌다 귀국하던 때 기자들이 무엇을 했느냐고 질문하자 "재미없는 세상에 양념치러 다녔다"고 대답한다. 백남준의 이 말은 천진성과 예술관을 동시에 머금고 있다. 그는 대단한 이론가다. 얼마든지 현학적으로 말할 수 있었을 것이다. 그러나 그의 예술에서 발견되는 의외성이나 트릭 혹은 장난기, 그리고 재미를 '양념' 만큼 잘 표현할 수 있을까.

마지막으로 김연아를 예로 들고 싶다. 그는 피겨스케이트 불모지 한국에 상상할 수 없는 기적을 일구어낸 선수다. 그러나 나이 어린 선수답지 않게 그는 은반에서 보여주는 그지없이 자연스럽고 고아한 몸짓만큼 아름다운 언어를 구사한다. 가장 가까운 예로 소치동계올림픽에 참가하면서 "나는 즐기러 왔다"고 한 것이다. 게임이 끝나고 은메달을 획득하자 곳곳에서 잘못된 판정에 대한 시비가 일고 있었음에도 그는 "금메달을 더 간절한 사람에게 줬다는 생각을 하자"고 했다. 오심에 대한 외신이 터지고 팬들의 분노가 들끓을 때, 인터뷰에서 이렇게 담담히 성숙한 자신을 표현했다. 얼마나 격조 높은 언어구사인가. 메달리스트의 품격이란 바로 이런 언행을 통해 느낄 수 있는 것이 아닐까.

또 한 번의 광풍이 스쳐갔다. 지방선거라는 이름의 광풍이다. 썩어 문드러진 안전불감증의 산물인 '세월호'의 비극을 고스란히 안고 여야는 힘없는 깃발을 흔들며 유권자의 표를 구걸했다. 뻔한 공약과 뻔한 대책은 그렇다 치더라도 미소를 머금게 하는 애교스러운 유머도 없었다. 분위기 때문이라면 이해는 간다. 그러나 말의 정서적, 미적 기능과 함께 진솔함까지 기저에 깔려있지 않으면 선거는 축제가 아니라 고문이라는 사실을 새삼 확인할 수 있었다.

꾸민다는 것의 어리석음

우리는 아름다운 환경 속에서 아름다운 사람들과 나 자신도 아름다운 사람이 되어 아름답게 살고 싶다. 물론 이 욕망은 이상에 가깝다. 아니, 이상일 뿐이다. 이 세상은 그런 아름다움으로 가득 차 있지 않기 때문이다. 그러나 아름답게 살고자 하는 우리의 욕망은 잘못된 것이 아닐 뿐 아니라 그러기 위해 노력해온 것이 인류의 역사이기도 하다. 예술가들은 놀랍고 아름다운 예술작품을 빚기 위해 노력해 왔고, 과학자들은 인류의 행복을 위해 편리한 기구를 고안해 내고, 인류의 적이 될 만한 것들을 퇴치하기 위해 자신을 바친다. 그리고 정치가들은 인류의 공멸을 막고 함께 잘살기 위해 여러 기구나 조직을 만들고 많은 회의를 해 왔다. 그뿐 아니라 본능적으로 미에 대한 우리의 열망은 한결같이 뜨거웠다. 화장품의 발달, 성형기술의 발달 등으로도 그 사실을 증명할 수 있다. 최근 어느 대학의 문창과에서 시인들의 작품들 중에서 처음 쓴 것과 며칠 혹은 몇 달을 두고 퇴고한 작품을 함께 실어놓고 과연 어느 작품이 성공적인가를 비교하는 연구발표가 있었다. 놀랍게도 오래 고민하며 고친 작품들이 첫 작품보다 더 나빠져 있다는 결과를 얻었다고 한다. 물론 이 자료를 일반화해서 말하기엔 더 많은 연구가 필요하겠지만 의도적인 욕심이 들어가면 창작자 자신도 객관적인 눈을 가질 수 없다는 사실은 분명하다. 그래서 꾸민다는 것은 살아 있는 정감을 잘 유지하기보다는 오히려 깨뜨리는 경우가 더 많지 않을까 생각한다. 꾸미는 것은 나쁜 것이 아니다. 어쩌면 우리 교육이 언제나 꾸미는 것을 가르쳐 왔는지도 모른다. 방을 깨끗이 치우고, 머리를 예쁘게 빗고, 옷을 예쁘게 입도록 노력하고, 다른 사람에게 예쁘게 보일 수 있도록 말하고, 인사를 잘하고 등등은 예쁘게 보이기 교육의 바람직한 여러 예이다.

그러나 예쁘게 꾸며서 안 되는 것들이 있다. 꾸미면 죄악이 되는 것도 있다. 그런 것 중의 하나가 역사다. 일본의 아베 정권은 위안부 문제를 축소, 왜곡하고 독도에 대한 도발적인 내용을 교과서에 싣고 드디어는 이미 폐기된 임나일본부설까지 끌어들여 우파 유권자들을 자극, 장기집권의 길을 여는 선동정치에 탁월한 지도력을 과시하고 있다. 그러나 국제정치에서 일본이 가져야 할 지도적 위치는 성공하기 어려워지고 동북아 이웃나라와의 화해 분위기는 점점 멀어질 것이다. 역사가 준엄하고 교훈을 준다는 것은 역사적 사실을 전제로 해야 가능한 말이다. 같은 사실을 놓고 해석하는 과정에서도 의견이 다양한데 아예 그 사실을 왜곡 기술한다면 그런 역사가 무슨 의미가 있겠는가.

이런 꾸미기 사례는 국내에서도 자주 보게 된다. 이를테면 국제적으로 수치를 불러일으킨 어느 수의학자의 논문 조작사건, 국보를 만들었다 들통 난 어느 박물관 사건 등은 이미 세인이 알고 있는 일들이다. 최근에 내가 만난 어느 시인의 유족과의 대화를 통해서도 그런 의식을 발견할 수 있었다. 해당 지자체에서 그 시인의 고택을 사서 기념관을 세우려 하는데 옛날 실제 시인이 살던 작은 초가로 복원해서는 안 된다는 견해를 강하게 피력하는 걸 보고 나는 내심 놀랐다. 그분의 문학사적 위치로 봐서 기념관을 세우는 것은 당연하다고 생각했다. 그러나 만일 그의 생가를 대궐 같은 집으로 바꿔놓는다면 가난에 고통스러웠던 그의 노래를 되새길 수도 없고 사리에도 맞지 않는다. 후손들의 주장도 따지고 보면 꾸미기에 길들여져 있는 일반적 사고의 결과가 아닐까 나는 생각했다.

또 어느 정치인의 자서전 출판기념회에 서평을 해달라는 부탁을 받고 오래 고심하였을 때 얘기다. 정치인의 출판기념회 풍경이 어떻게 흐를 것인지는 뻔한데 교육계에 몸담고 있는 나로서 아무래도 맞지 않아 몇 번 사양을 했다. 하지만 그 사람 역시 교육계와 깊은 관련이 있어서 막무가내로 거절할 처지도 아니었다. 그래서 수락을 해놓고 집에서 그 책을 조용히 읽어보니 전부 자화자찬이었다. 이런 책을 누가 읽을 것이며 읽어서 무엇을 얻겠는가 생각하니 참 한심했다. 자서전이나 회고록에서 진실이 사라지면 그 책은 생명이 없어진다. 그가 살아오면서 성공적으로 활동한 것도 있고 잘못 대처한 것도 있을 것이다. 그것을 진솔하게 기록해 놓아야 읽는 사람에게 간접경험을 주고 지혜를 갖게 한다. 결국, 완곡하게 그런 서평을 했지만, 입추의 여지없이 모인 손님들의 잡담으로 하나 마나 한 소음의 공간이 되었다.

곳곳의 문화유적을 해설하는 사람에게도 당부하고 싶은 것이 있다. 진실하게 말하고 근거 있는 것만 말하고 그 외의 것은 관람객에게 맡겨두어야 한다는 것이다. 꾸미는 것은 죄가 아니다. 어쩌면 우리가 반드시 실천해야 하고 지켜야할 예절 같은 것이다. 그러나 꾸며서 안 되는 것까지 꾸며서는 안 된다. 그런 버릇이 생활화될 때 그런 국가나 개인은 불행한 미래와 만날 수밖에 없다.

건배사에 대하여

체코의 대통령이었던 극작가 하벨은 〈말에 관한 말〉이란 연설에서 "몇 마디 말이 10개 사단병력보다 더 강력하다."라고 한 적이 있다.

탈무드에도 말에 관한 예화나 교훈이 많다. "비밀을 지켜라, 혀로 말하기 전에 반드시 생각하라, 혀에는 뼈가 없다" "가장 좋은 것도 혀요 가장 나쁜 것도 혀다" 등이다. 스피노자는 "말은 행위의 거울"이라 했고 호라티우스는 "어떠한 충언을 하건 말은 길어서는 안 된다"고 했다.

말에 관한 예화나 격언을 찾는다면 그 수는 헤아릴 수가 없을 것이다. 신경의학계는 뇌 속의 언어중추신경이 모든 신경계를 지배하고 있다는 사실을 발견하여 정설로 삼고 있다고 한다. 언어가 몸을 지배한다는 얘기다.

말실수로 곤욕을 치르는 여당대표도 있고 말실수로 탐나는 관직을 놓친 정치인도 있다. 매스컴의 보도는 억울하리만치 문제 부분만 따로 떼어 부각시키는 경우가 많아서 진의와 관계없이 상처를 입곤 한다. 사전에 준비하고 스스로 말조심 하는 수밖에 없다.

지금은 건배사 시즌이다. 연말은 종무식, 송년회, 송별회 때문에 연초는 시무식, 환영회 때문이다.

인간사는 말로 시작하고 말로 끝난다는 사실을 체감할 시기이다. 이런 연회 의식에 언제부턴가 건배사 순서가 공식적으로 자리 잡고 있다. 이 의식은 분위기에 따라 1차로 끝나는 것이 아니라 2차 3차 심지어는 5차까지 가는 경우도 있다. 전혀 예상하지 않았던 사람까지 어쩔 수 없이 건배 제의자가 되어 몇 마디 건배사를 해야 할 때가 있다. 당황스럽다. 들을 때는 편안했던 순서이다. 재치 있는 건배사에 따라 두 차례 세 차례 복창하며 즐겼던 순서가 말이다.

나는 지난해 9월 김달진 문학제 때 노 평론가 김윤식 교수와 가야금 명인 황병기 선생도 참석한 시상식 잔치에서 지역문인 대표로 건배를 제의하며 "재미있고, 건강하고, 축복받는 삶을 살기 위해 제가 건배하면 '재건축'을 삼창 해주십시오" 라고 건배사를 제

의한 적이 있다. 돌아와 곰곰 생각해 보니 점잖은 모임에 어울리지 않은 건배사라 너무 부끄러웠다.

건배사는 분위기에 맞고 유머러스하고 단체의 성격에 어울리는 메시지를 독창적으로 전달해야 한다. 이어령 전 문화부 장관이 건배제의 구호로 "지화자"를 제창한 적이 있다. 이런 경우 공 · 사석 다 두루 무난한 구호이다. 동창모임인가, 회사단합 대회인가, 남자 혹은 여자들만의 모임인가 아니면 혼성 모임인가, 연령대는 얼마쯤인가, 또 연초인가, 연말인가 잘 파악하고 멘트를 구상해야 한다. '당나귀' '변사또' '나가자' '사이다' '오징어' '우생순' '소녀시대' '아저씨' '오바마' '사우나' 등이 요즈음 인기 건배제의 구호라 한다. 노년층에는 '구구팔팔 이삼사'나 '나이야 가라' 등이 애용되고 있지만 같은 구호도 외치는 방법에 따라 그 흥이 다르다. 분위기를 죽이지 않은 범위 안에서 자신의 바람을 전달할 필요도 있기 때문이다. "이 황야에서도 진정 이기는 사람이 되기 위해 황진이를 제창 구호로 하겠습니다."라든가 아량 있는 부자가 되자는 설명을 붙여 '아부'라고 할 수도 있다. 장소가 회사나 관청, 강당, 주점인가 또 나의 위치에 따라 의미 있는 짧은 멘트를 곁들이는 것도 좋다.

어떤 말이든 그 사람의 인격을 담고 있다. 건배사의 경우 너무 흥겨운 분위기에 포인트를 맞추다 보면 성희롱에 해당되는 말을 하게 되어 구설수에 오를 수도 있고 너무 메시지에만 의존해서 구성원의 빈축을 살 수 있고 길게 해서 초점을 잃게 되는 경우도 허다하다. 승리의 언어, 희망의 언어, 흥겨운 언어, 정감의 언어가 건배사의 모습이어야 한다.

건배사를 해야 할 시기엔 스스로 준비해 두어야 한다. 가령 과 회식이나 부서 회식이 있는 날 자신에게 건배제의 기회가 온다면 어떤 언어로 구성원들의 마음을 대변하여 스트레스를 날리고 함께 즐거워할 수 있을까, 화합과 친화의 에너지로 충만해질 수 있을까 연구할 필요가 있다. 언어생활이고 사회생활일 뿐 아니라 그것이 또 다른 나의 얼굴을 보여주는 좋은 기회이기 때문이다.

12

LEE YU GEL ESSAY

III

노을 읽기

석 달 전 일이다. 제자가 입원했다는 소식을 듣고 병원으로 달려갔다. 중환자실이었다. 환자는 아직 심각성을 느끼지 못하고 있었지만 주위는 무거웠다. "선생님, 저는 너무 앞만 보고 달려온 것 같아요. 이번에 나가면 그렇게 안 살 거예요. 너무 앞만 보고 달려온 것 같아요." 그리고 그는 3일 뒤 타계했다.

어제는 오랜만에 저녁노을을 보았다. 유난히 아름다운 노을이었다. 저녁노을은 하루를 마감한다는 메시지이다. 그런 느낌으로 바라보니 온갖 생각이 다 떠올랐다. 생은 아름다운 것이라고 말하는 것 같기도 하고, 생을 아름답게 정리해야 한다고 말하는 것 같기도 했다. 내가 접해온 잊을 수 없는 장면과 그 장면속의 사물들이 독특한 이벤트를 벌이고 있는 모습 같기도 했다. 그런 상상 중에서 아무래도 가장 가까운 일이었던 제자의 마지막 모습과 그 말이 제일 선명하게 떠올랐다.

거침없이 오로지 자신이 정한 목표의 성취를 위해 사력을 다하는 것은 비전을 가진 사람이면 당연히 보여주는 모습이다. 그러나 이런 지나친 목표의식이 너무 주위를 돌아보지 않게 해 잃게 되는 인생의 재미는 과연 작은 것인가에 대해서 다시 생각해 본다.

가족과 함께 여름휴가라도 자주 갈 것을, 부모님 계실 때 온 가족 여행이라도 한번 갈 것을, 아들 · 딸 졸업식 때 함께했으면 좋았을 것을, 가끔 좋아하는 그림이라도 그리며 살 것을, 아내에게 좋아한다고 자주 얘기해 줄 것을…. 생각은 생각을 물고 끝없는 연쇄반응을 일으킨다.

이렇게 후회하던 사람이 새 삶을 산다 해도 목표지향형이 대부분일 뿐 아니라 목표지향형으로 살아가야 하는 우리나라에선 조급증 환자로 또 같은 삶을 살 수밖에 없을 것이다. 걸음도 빨라야 하고, 밥도 빨리 먹어야 하고, 아이디어도 빨리 내놔야 하고, 외국어도 빨리 익혀야 하고, 문제가 발생한 현장에도 빨리 가보고 대책도 빨리 세워야 하고…. 그러나 이런 조급증 중에는 참으로 어쩔 수 없는 것인 동시에 가치 있는 것들이 대부분이지만 사실 지나친 것도 있다.

세계적으로 명성이 자자한 우리의 식사습관을 생각해 보자. 적어도 20분 이상은 잡아야 비만으로부터 해방될 수 있다고 한다. 그러나 점심의 경우 심하면 5분 안에 끝낸다. 우리의 버릇을 알면서도 이제 하나의 스타일로 고착되어 가는 느낌이다. 소화제, 변비약, 주사제의 남용, 심지어는 등산 습관까지도 그렇지 않은가. 자연스레 소화되고 배변되는 그 시간을 참기 어려운 사람들, 감기에 걸리면 주사 처방을 오히려 의사에게 요구하는 환자들, 자연경관 감상보다 정상 정복에만 목숨을 거는 사람들이 우리 주위에 적지 않다. 이런 분위기가 직장이나 가정이나 사회에 만연하면 안정을 느끼기 어렵다. 늘 경쟁의 노예가 되고 사소한 것에도 스트레스를 받게 된다.

노을이 지면 어둠이 온다. 하루는 불빛들의 저항에도 불구하고 그 어둠으로 마감된다. 따라서 노을은 마지막 메시지이다.

"저는 앞만 보고 달려온 것 같아요"라고 반복하던 제자의 유언 아닌 유언을 다시 되새겨 본다. 나를 보자마자 그는 왜 그 말부터 하고 싶었을까. 여유를 갖지 못한 미완의 생에 대한 탄식이었을까. 어리석은 선생에 대한 마지막 선물이었을까….

빨리빨리 기질이 한국의 경제 발전과 정보기술(IT) 강국 건설에 결정적 역할을 했다고 해도 이제는 조금씩 자신을 찾고 자신의 삶을 찾고 진정한 인생의 목표를 찾는 일에 게으르지 않아야 한다는 외침이 아니었을까.

오랜만에 노을을 보았다. 노을은 불립문자였다. 나는 지금도 어제의 문자들을 곰곰이 해독하고 있다.

13

LEE YU GEL ESSAY

III

패자들의 부활을 기원하며

초등학교 2학년 교실, 수업시작 종이 울렸다. 선생님은 아무 말 없이 피아노에 앉아서 흥겨운 행진곡을 치고 있었다. 그 곡을 들으며 아이들은 제 자리에 앉았다. 미술시간이었다. 아이들이 다 앉은 모습을 본 선생님은 피아노에서 일어나 교단으로 갔다. 그리곤 흑판에다 "그리고 싶은 것 그리기"라고 썼다. 그리고 아이들을 둘러보았다. 그때 나는 그 사대부속 초등학교의 교생이었다. 아이들은 흰 도화지에 자기가 그리고 싶은 것을 찾기 시작했다. 그리고는 미소를 지으며 그림을 그리기 시작했다. 선생님을 그리는 사람, 이성의 친구를 그리는 사람, 자신의 아버지, 어머니를 그리는 사람, 혹은 꽃병을 그리거나 외할머니를 그리는 사람…. 이렇게 대상은 달랐지만 그들은 꿈 가득한 착하고 아름다운 얼굴이었다.

오늘은 1월1일이다. 내가 40여 년 전에 본 초등학생처럼 꿈에 젖을 수도 있는 백지 같은 원단이다. 그러나 나는 많은 불필요한 지식과 수많은 경험의 상처와 무서운 세상을 대면하고 있기 때문에 쉽게 꿈에 젖을 수 없다. 그래도 나에게 누가 바라는 한 해를 그림 한 장으로 표현해 보라고 한다면 지소연이나 여민지 혹은 전문계 고교 학생을 그려 넣고 옆에다 '패자들이여 부활하라' 라는 문장을 크게 써 넣고 싶다.

지소연이나 여민지는 이제 우리 국민 모두가 자랑스러워하는 축구선수이다. 그렇게 국민적 영웅이 되기까지 그들이 감내해야했던 어두움은 적지 않았을 것이다. 전문계 고등학교 학생을 그려 넣는 이유는 그들 역시 현재 우리나라 교육풍토 속에서는 인정받기 어려운 고통을 겪고 있기 때문이다. 단순하게 그릴 수밖에 없는 내 그림 실력 때문에 그렇지 자살대국인 우리나라에서 그림으로 표현하고픈 눈물겨운 음지가 얼마나 많은가. 문제는 그 음지에 언제나 그늘만 있어서는 안 된다는 것이다. 음지를 탈출하려는 음지 사람들의 의욕이 필요하고 그 의욕을 갖게 해주는 사회 분위기가 필요하고 음지의 사람들을 배려해 주는 국가적 제도가 필요한 것이다.

지난 해 국내 굴지의 기업에서 전문계 고교 교장선생님들을 모셔놓고 능력 있는 졸업생을 채용하겠다는 말을 한 적이 있다. 그런 소식이야 말로 패자처럼 축 늘어진 청소년들에게 힘을 솟게 하는 것이다.

서울대 수시원서를 쓰려던 날 입원한 정재연군도 골수암이 나아서 환하고 밝은 세상에 나와 활동 할 수 있기를 …, 새터민 출신으로 사업에 실패해서 방황한 김용씨도 가정과 사업이 함께 희망찬 새해를 맞을 수 있었으면 한다. 멋진 외국인 감독이나 선수들이 한국 스포츠계에 안착하면서 더 개성적이고 재미있는 게임을 만들어 주었으면 한다. 농, 어촌에 시집온 외국인 아내들이 대한민국 국민의 한 사람으로 자유스럽고 당당하게 살 수 있었으면 한다. 철없고 지혜가 모자라서 쉽게 이혼한 사람들이 이제는 좋은 사람을 새로 만나서 상대를 탓하기보다 상대에 어울리는 사람이 되기 위해 노력해서 아름다운 가정을 이루는 한 해가 되었으면 한다. 영특한 머리를 타고났음에도 불구하고 능력만큼 공부 할 수 있는 기회를 얻지 못하고 있는 학생에게 국가나 사회의 빛이 그 고통을 걷어내는 한 해가 되었으면 한다. 퇴락해가는 농촌을 살리는 멋진 아이디어가 정책에 반영되어서 되돌아오는 농촌, 살기 좋은 농촌을 건설하는 한 해가 되었으면 한다.

그렇다. 우리 사회의 음지는 너무 많고 넓다. 그런 음지를 누가 대통령이 되고 시장이 되고 도지사가 되어도 일거에 해결 할 수는 없다. 음지에 있는 본인들과 국가와 사회가 함께 의지를 가지고 뜻을 모으고 분위기를 만들어 실천해나가야 그나마 조금씩 개선 될 수 있을 뿐이다.

그러나 언제나 승자에게만 빛이 찬란한 사회는 좋은 사회가 아니라는 점에서 나의 그림은 의미가 있다.

야생화원과 다양성 사회

팔공산 부근의 후배 시인 댁에서 야생화를 구경하고 온 적이 있다. 7월말의 정원은 스산한 느낌이었다. 담장을 수놓고 있는 능소화 외엔 특별히 눈에 띄는 것이 없었다. 상사화나 도라지꽃, 산나리꽃을 몇 송이 보았을 뿐 만개한 무더기꽃은 볼 수가 없었다. 화원의 주인은 40여 년 야생화를 가꿔온 고수답게 야단스런 수사로 우리를 피곤하게 하지 않았다.

꽃 각각의 특성 화원의 아름다움 가꿔

모든 꽃은 소중하고 아름답다는 것, 화원은 넓이의 한계가 있어 필요한 것을 그 꽃의 특성에 맞게 심고 그 특성에 맞게 관리한다는 것, 재배할 자신이 없는 꽃을 아무 곳에서나 구해 와서 심어놓고 죽이는 일은 하지 않는다는 것을 잔잔하게 설명했다. 들꿩나무는 물을 많이 요구하고 산수국은 수정이 되고 나면 돌아앉고 능소화는 독성이 있다고 한다. 그렇다. 식물들은 저마다 다른 특성이 있다. 양지를 좋아하는 꽃이 있고 음지에서도 잘 피는 꽃이 있다. 계절 따라 피는 시기도 색깔도 모양도 다른 것이 꽃이다.

돌아올 때 내 등 뒤에 흘리던 말이 지금도 여운으로 남아 있다. 옛날에는 분에 담아 키워서 가끔 선물로 드렸지만 지금은 줄 수도 없고 주고 싶지도 않다는 것이었다. 왜 주고 싶지 않다고 했을까? 우선 자기만큼 꽃을 사랑하지 않을 것 같아서 그런 사람에게 자기가 애지중지 키운 꽃의 미래를 맡기고 싶지 않아서 일 것이고, 다른 하나는 이 화원은 철저한 계획 하에 짜여 진 것이어서 어느 꽃 하나도 빠져나가면 전체의 조화가 깨어져 버리기 때문일 것이다. 그가 가꾸어온 많은 꽃들은 그 꽃 각각의 특성으로 그 화원의 아름다움에 공헌하고 있는 것이다.

이러한 얘기는 너무도 당연하고 평범한 것이어서 새삼스러울 것도 없지만 자꾸 되새겨 진다. 가령 우리 한국시단에 시인이 너무 많다고 하는 이가 있다. 나는 그렇게 생각하지 않는다. 오히려 많아서 좋을 수가 있다. 다만 그 많은 시인들이 존재해야할 이유를 증명할 만한 개성적인 작품을 쓰고 있느냐가 문제일 뿐이다. 이 경우는 화가에게도 음악가에게도 마찬가지로 적용해야 할 기준이다.

이 자명한 이치를 다시 되뇌며 곰곰이 주위를 살펴보는 것은 무슨 까닭인가. 그건 개성의 발화를 오히려 방해하는 일들이 대세처럼 우리 주위를 감싸고 있기 때문이다. 우선 교육에 대해서 생각해 보자. 대학의 특성화란 대학의 개성 확보를 위한 몸부림이다. 잘 되고 있는가? 1970년대까지만 해도 각 지역마다 제법 수준 높은 대학들이 있었다. 지금은 서울에 있는 대학이 '서울대학'이라는 세인들의 인식을 잘못 되었다고 할 수 있는가? 부동의 명문대가 우수학생을 독점해 왔지만, 내실 면에서 그다지 발전한 것 같지 않다는 견해에 반론을 제기할 수 있을까? 취직 안 되는 학과들이 퇴출되고 있다. 철학과, 독문과, 불문과에서 드디어 국문과까지 검은 그림자가 드리워졌다. 좋건 싫건 여러 사정을 살펴서 대학에 들어온 학생들까지 안정을 찾기 어렵다. 로스쿨, 의학대학원의 출현은 그 영향력이 가히 태풍급이다. 바람직한가? 이런 세태에서 열심히 한 길로만 가면 된다고 충고한들 묵묵히 자신의 길로 갈 수 있을까?

최근에는 지자체별 문화행사도 그렇다. 강진의 청자축제, 서귀포 야해 페스티벌, 신주 유등축제, 밀양 연극제, 경포 여름바다 예술제, 대관령 국제음악제, 광주 비엔날레, 전주 소리문화축제 등 지역의 여건과 자생적 노력으로 성공한 문화행사가 많다. 이런 행시를 벤치마킹하는 것은 좋다. 그러나 다른 분야의 행사를 해야 한다. 부산 국제영화제와 제천 국제음악영화제 등은 그런 노력의 결과로 보인다.

우리 사회 다양화 외면 서열화·획일화 조장

인간은 본능적으로 다양한 가치를 추구하며 산다. 그 다양한 가치야말로 인생의 풍요로움과 개인의 행복을 추구하게 하는 원천이다. 그러나 우리 사회는 끊임없이 서열화를 부추긴다. 획일화를 부추긴다. 그림을 좋아하고 잘 그리는 학생에게도 성적이 우수하면 법대를 가게 하고, 물리학에 뛰어난 재능이 있는 학생에게도 의대 지망을 강요한다. 결국은 권력을 쥐고 돈을 버는 학과를 학생에게 강요하여 스스로 가고 싶은 길을 막는다. 도시 문화행사에도 내실 있는 행사, 개성을 살릴 수 있는 행사보다 그럴듯하게 보이는 행사, 인기 있는 분야의 행사를 선호하게 된다. 여기에서 획일화의 무서운 부작용을 발견하게 된다. 스스로의 미래를 꿈꾸며 설계할 학생의 모습이 희미해지고 다양한 개성으로 풍요로워질 도시문화가 멀어진다. 문득 야생화를 그 특성에 따라 심고 가꾸던 팔공산 그 화원의 주인이 더 크게 떠오른다.